AF245460

NOUVELLE

GRAMMAIRE FRANÇAISE ÉLÉMENTAIRE.

EXERCICES

ORTHOGRAPHIQUES FRANÇAIS,

A L'USAGE DES ÉCOLES PRIMAIRES,

PAR

Liochon, instituteur.

LIBRAIRIE CLASSIQUE DE PERISSE FRÈRES,

LYON,   **PARIS,**

GRANDE RUE MERCIÈRE, 33. | RUE POT-DE-FER-ST-SULPICE, 8.

LYON.—IMPRIMERIE D'ANT. PERISSE.

1843

Préface.

Quelque nombreux que soient les ouvrages en ce genre, on ne peut avouer qu'ils suffisent à l'enseignement, parce que les auteurs, en parlant à des enfants, ont cru parler à des personnes judicieuses et éclairées. Pour hâter les progrès, il faut joindre la pratique à la théorie, et en faire une logique pratique compréhensible pour tous les âges : mais de quelle manière l'ont fait nos devanciers? Ont-ils donné, dans leurs exercices, des exemples gradués et selon l'ordre des matières grammaticales? Non, sans doute, puisque dans les premières pages, on rencontre des difficultés que l'on ne peut résoudre que par l'application des règles qui se trouvent à la fin de la Grammaire. Voilà ce qui rebute les enfants et leur rend aride et fastidieuse une étude qui ne devrait leur offrir que de l'agrément. Le petit traité que j'ose offrir au public, aura le double avantage de ne pas décourager l'Élève, parce que les fautes à corriger seront à sa portée, et de piquer sa curiosité par des choses nouvelles. Lorsque le Professeur aura exposé à ses Elèves les règles sur le substantif et l'article, il leur fera faire les devoirs sur cette partie; et après leur avoir expliqué les règles relatives à l'adjectif, il leur proposera les exercices sur l'adjectif, et ainsi de suite; car tous les devoirs sont dans un ordre progressif de difficultés. Pour intéresser cette chère jeunesse à laquelle je dédie mon travail, je n'ai pas négligé de présenter quelquefois une leçon de religion, de morale, ou de rappeler un trait historique capable de fixer son attention et de faire naître en elle l'envie de s'instruire.

EXERCICES

ORTHOGRAPHIQUES

FRANÇAIS.

EXERCICES

SUR LE SUBSTANTIF.

On fera mettre l'article devant chaque substantif qui en exige un.

1

Table, roi, Pierre, Claude, pont, sable, rivière, plume, Joseph, Philippe, canif, banc, papier, livre terre, chanvre, corde, Paris, Lyon, reine, chèvre, Louis, Rhône, Saône, pré, bonnet, main, corps, jument, devoir, Antoine, Alexandre, temple, maison, raison, prunelle, poitrine, papa, maman.

2

Bâtiment, ville, personne, liqueur, lettre, chanson, couplet, Châlon, soldat, Versailles, bois, Grenoble, père, forêt, parrain, tante, cousin, santé, propreté, bonheur, faction, sagesse, matin, soir, lune, bonté, soleil, science, foi, prudence, circonstance, savoir, plaisir, désir, multitude.

3

Faute, baume, balai, vieillard, tête, seigneur, gouvernement, désertion, diocèse, règle, département, baguette, fil, fils, fille, confection, production, cerf, garçon, lueur, raison, parole, clarté, lumière, bras, jambe, place, cave, poutre, ventre, pied, globule, toupie, violon, guitare.

4

Citadelle, repas, maladie, douleur, famille, secours, misère, retour, départ, musique, violette, faiblesse, perte, résolution, fenêtre, cheminée, crayon, vomissement, blessure, philosophie, baptême, confirmation, géographie, vin, pain, revue réflexion, triomphe, gloire, voyageur, phrase.

5

Chien, chat, nature, province, Paul, France, courage, propriété, pension, poussin, fiole, trésor, nez, canal, marteau, journal, prince, comédie, cause, miroir, confection, pendule, place, café, perdrix, voiture, médisance, charité, Napoléon, Turenne, douceur, mensonge, lièvre, piété, flambeau, rond, suie, cheval, demande.

EXERCICES

SUR LE SUBSTANTIF ET L'ARTICLE.

On fera mettre chaque devoir au pluriel, après l'avoir corrigé au singulier.

1

Le ange. La folie. Le écolier. La aventure. La comédie. La amitié. La tête. La lèvre. Le autel. Le palais. Le uniforme. Le maître. La partie. La conjonction. Une correction. Le escadron. La année. La classe. La messe. Le homme. La horloge. Le mouchoir. Une poutre. Le soulier. La production. Le foin. La herbe. La soie. Le orge. La armée.

2

La infortune. La ambition. Le mois. Une croix. Le fils. Le choix. Le champignon. Un canal. Un savant. La âme. Le soulèvement. Le encrier. La enseigne. La utilité. Le cheval. Le travail. Un chameau. Le jeu. Le cordeau. Le cœur. La joue. Le fusil. La adresse. Le barreau. Un cheveu. Le détail. Le animal. Le œil.

3

Le cadeau. Un portail. Le couteau. Un moyen. Un oiseau. Le corail. Un émail. La assiduité. Le chou. La histoire. Le avare. La marchandise. L'hibou. Un puits. Le soupirail. Le ail. Le fourneau. Le maréchal. Le moineau. Le bail. Une assiette. Un bal. Un tribunal. Le amour. Un confessional. La indiscrétion. Un ruisseau. Un bail.

4

La capitale du royaume. La société. Un sérail. Le nez du perroquet. Le cardinal. La épaulette du général. Le noyau de la pêche. Le plaisir de le enfant. Le tuyau de la fontaine. La étourderie de le écolier. La épée de le connétable. Un capital. Un tombeau. Le bonneur. Le verre de le bocal. La cage de le écureuil.

5

La animosité. Le chalumeau de le berger. Le étendard de le ennemi. Le artifice de le voleur. Le cou de le lion. Le succès de la affaire. Le procès de le plaideur. A le excès de la colère. La beauté de le lieu. La apparence de le mal. La larme de le pénitent. La alarme. La richesse de le propriétaire. A le éclair et à le tonnerre. Un désert. La instance du tribunal. Le monsieur. La demoiselle.

6

Le pain de le pauvre. A le ciel. A le discours de le prédicateur. La bague de la fiancée. Le ordre de le caporal. La plume de le écolier. Le cuir de le bœuf. La peau de le cheval. Le sable de la rivière. La eau de le fleuve. Le coin de le feu. La litière de la jument. A le jardin de le roi. La leçon du professeur. Le berger du troupeau. A la porte de le temple.

7

La branche de le arbre. La corde du puits. Le diamant de la reine. La beauté de le cristal. La patte de le chat. La allée de le jardin. A le arbre de la forêt. La herbe du pré. La portière de le château. A la source de le lac. La monture de le cavalier. La attention de le auditeur. La pension de le militaire. La discussion de la assemblée. Le triomphe de le vainqueur.

8

Le tribunal de le homme. Le manteau de le prince. Le amiral de un vaisseau. Un feuillet de le livre. Le trou de le arrosoir. Le repaire de le animal. La feuille de la giroflée. A le sommet de la montagne. Le rateau de la faneuse. La exhortation de le précepteur. La rançon de le prisonnier. A le mois de la année. Le parquet de la chambre.

EXERCICES

SUR LE SUBSTANTIF, L'ARTICLE ET L'ADJECTIF.

1

Le bon père. Le directeur prudent. Le maître patient. La sœur chéri. Le homme méchant. La femme méchant. Un filou adroit. Le temple saint. Un lecture saint. La musique charmant. Un chapeau gris. Un redingote gris. Le petit garçon poli. La petite fille poli. Le devoir aisé. La leçon aisé. Le papier noir. La plume noir. Un grand bois.

2

Le arbre vert. La branche vert. Le fruit cru. La pomme cru. La joli maison. Le joli jardin. Une jument fort et adroit. Un cheval fort et adroit. Le habit bleu. La couleur bleu. Le soleil brillant. La lumière brillant. Un plaisir pur. De la eau pur. Une nourriture sain. Un air sain. Un tonneau plein. Une cuve plein. Le combat sanglant. La bataille sanglant.

3

Du drap fin. De la laine fin. La table noir. Le tableau noir. Le bras court. La jambe court. Une nuit obscur et noir. Un enfant bavard et gourmand. Une personne bavard et gourmand. Le docteur instruit. La maîtresse instruit. Une troupe hardi. Le conte vrai. La histoire vrai. Le globe rond. La table rond. Un glace uni. Un verre uni. Une surprise agréable. Un exercice agréable.

4

Un jeune chat gai. Une jeune chatte gai. Le abricot mûr. La poire mûr. Le bâton pointu. La hallebarde pointu. Une personne savant. Un général savant. Le hiver froid. La contrée froid. Un ouvrier fainéant. Une ouvrière fainéant. Le jour chaud. La journée chaud. Le jambon cuit. La viande cuit. Le puits profond. La fosse profond. Un jeu innocent. Une personne innocent. Un climat brûlant. Une zone brûlant.

5.

Un homme veuf. Une femme veuf. Le pied nu. La tête nu. Un vin excellent. Une liqueur excellent. Le animal cruel et dangereux. La bête cruel et dangereux. La bel nuit. Le bel homme. Le beau pays. Le fruit nouveau. La saison nouvel. Le corail rouge. Un pois vert. Une groseille vert. La plume blanc. Le plumet blanc. Un sot écolier. Une sot réponse. Le laboureur actif. La fermière actif.

6.

Un brouillard épais. Une boue épais. Le beau manteau blanc. La belle fleur blanc. Un raisin sec. Une feuille sec. Un vent frais. Une matinée frais. Le lieu public. La place public. Un beau habit bleu. Un beau capote bleu. Le livre grec. La histoire grec. Le écolier exact et diligent. La personne exact et diligent. Le étui neuf. La tabatière neuf. Un conte fictif. Une monnaie fictif.

7.

Le vieil arsenal. La vieil province. Un trait naïf et

piquant. Une réponce naïfe et piquant. Une plante vénéneux. Une morsure venimeux. Un chapon gras et gros. Une poularde gras et gros. Un cheval rétif et fougueux. Une jument rétife et fougueux. La histoire raconté. La classe fini. La leçon récité. Le parfum odoriférant. Le vice honteux. La plaie honteux. La occasion dangereux.

8.

Le récit faux et mensonger. La histoire faux et mensonger. Un détail intéressant. Une leçon intéressant. Le bocal rond. La marmite rond. Le légume fort et digestif. La liqueur fort et digestif. Un bail onéreux. Une charge onéreux. Le emploi lucratif. La place lucratif. Un bosquet vert et touffu. Une herbe vert et touffu. Un discours long et diffus. Une barbe long et diffus. Le beau platane. La bel horloge.

9.

Un procédé amical. Une parole amical. Le frère cadet. La sœur cadet. Le remords cuisant de le pécheur. La angoisse cuisant de la pêcheuse. Un nouvel accident. Une nouvel tournure. Un homme pervers et corrompu. Une femme pervers et corrompu. L'haricot sec et cuit. La fève sec et cuit. Le sermon instructif de le prédicateur. La leçon instructif de le maître.

10.

Un homme franc et loyal. Une femme franc et loyal. La famille innocent, laborieux et actif. Un peuple belliqueux et guerrier. Une nation belliqueux et guerrier. Une école public. Un lieu public. La feuille vert et la feuille sec. La loi naturel. Une fête solennel. Un cheveu long et noir. Une barbe long et noir. La flotte turc et la flotte grec. La sœur plus malin que le frère.

11.

L'œil vif et brillant de le jeune enfant. La période annuel. Le mouvement annuel. Le serviteur négligent et paresseux. Une contrée méridional. Un pays méridional. La bonté paternel. Le soin paternel. La chaleur excessif de le été. Le froid excessif de le hiver. Un homme veuf et vif. Une femme veuf et vif. Le soldat captif. Une troupe captif. Une arme offensif. Un écrit offensif.

12.

Un homme rancunier et vindicatif. Une femme rancunier et vindicatif. Le malheur éternel de le pécheur. La peine éternel de le péché. Le domaine royal. La magnificence royal. Un héros fier et hardi. Une amazone fier et hardi. La faux recourbé de le moissonneur diligent. Un roi libéral, juste et compatissant. Une reine libéral, juste et compatissant. La caravane errant et fugitif. La flamme destructif de l'enfer.

13.

Une connaissance superficiel. Une bel fleur artificiel. Un mot bref et énergique. Une parole bref et énergique. Le accent plaintif du moribond. La voix plaintif de le petit oiseau. Un monsieur directeur. Une demoiselle directeur. Le pré artificiel. La fleur artificiel. La feuille épais de le chêne. Le frère discret. La sœur discret. Le renard égal à le chien. La jument égal à le cheval.

14.

La abeille diligent. Le frelon paresseux et négligent. La gros et lourd voiture. Le élève craintif et timide. La biche timide et craintif. Un breuvage amer et purgatif. Une médecine amer et purgatif. La rente annuel du général et du maréchal. Un combat naval. La ombre fugitif de le mort. Le garçon et la fille muet. Le tigre et le lion méchant. La porte principal de le château.

15.

Le frère et la sœur obéissant. La nuit et le jour égal en longueur. Un point cardinal. La partie occidental. Un homme trompeur. Une mine trompeur. La divinité protecteur de le berger. La délibération solennel de la assemblée législatif. Le poignard sanglant de le assassin furieux. La violette bleu moins frais que la rose blanc. Un acte individuel. Une action individuel. Un citoyen franc et généreux. Une femme franc et généreux.

16.

Un mot trivial. Une expression trivial. La louve moins cruel que la lionne. La France plus grand et plus populeux que la Suisse. Le dépôt central de ma marchandise. Cet bel épée. Un instant fatal. Ma ancien écriture. Ton faux argument. Son vieux pantalon. Son vieux habit. Sa viel habitude. Le corps lumineux de cette astre brillant. La élève la plus spirituel de ce pensionnat.

17.

Mon meilleur ami. Ma meilleur pensée. Ce beau

monument. Votre aimable conversation. Un péché mortel. Une faute véniel. Ta observation malin. Une disposition intérieur. Une fille mineur. Une demoiselle très-spirituel. Cette traduction grec. Cette nouvelle officiel. Votre gentil cousine. Une figure gras, gros et replet. Une gracieuse peinture de cet campagne enchanteur. Deux cheval.

18

Ce savant auteur. Cet savante auteur. Cet nouvel invitation. Le triomphe de cet héros. Le habitant laborieux de cet hameau. La crinière de cet animal. Mon nouveau ouvrage. Ce vieux arbre sec. Cet vieil branche sec. Une garde actif et vigilant. La plume noir de ce écrivain. Le mur collatéral de cet église. La taille majestueux de cette femme ; son teint frais et vermeille ; son œil vif et perçant.

19.

Le journal impartial. La nouvel loi impartial. La hyène plus cruel que le tigre. Le soldat le plus audacieux de le régiment. La demoiselle la plus pieuse et la plus gentil. Votre tante plus instruit et plus spirituel que votre cousine. Le chant joyeux du rossignol. Une personne débiteur et inventeur. Une femme instituteur. Un conte moral et récréatif. Cet dame supérieur.

20

Une grosse pêche mûr. Un homme menteur et pêcheur. Une femme menteur et pêcheur. La bénin influence de le astre de ce jour. La vierge protecteur de le innocent. Un roi protecteur de son sujet. Une reine protecteur de son sujet. Votre ancien méthode. La long et bel lunette. Le soleil et la lune brillant. Le repas frugal du solitaire. La force et la prudence nécessaire à un général.

21

La rose aussi odoriférant que l'œillet. Voici le premier jour de ce mois. Voilà la première fleur du printemps. Un coup fatal. Une fatal machine. Un vin doux. Une jouissance doux. La mol oisiveté. La cour royal. Cet rose aussi gros et plus bel que cet tulipe. Deux an. Cinq mètre. Dix grammes. Cent homme. La premier compagnie. La huitième légion. Le cinquième. Le vingtième.

EXERCICES

SUR LE SUBSTANTIF, L'ARTICLE , L'ADJECTIF ET LE PRONOM.

Comme il est difficile de faire des phrases correctes sur ces quatre espèces de mots , sans employer le verbe *être*, on le fera apprendre aux élèves ; et comme la troisième personne sera seule employée, on leur fera observer comment on l'écrit an pluriel.

1

Votre mère est très spirituelle, plus spirituelle que celle de votre ami. Cet taille est très-élégante ; elle est plus élégant que celle-ci. Mon revenu est petit ; le tien est plus considérable. Cet route sera plus long que cellela. Cet prairie est très bel , fort bel ; elle est plus verte que celle ci. Son discours était moins brillant que le vôtre. Voila une femme écrivain plus original que celle la.

2

Cette jument est plus gras et plus joli que la mien.

Cet exemple est moral et très-instructif. Cet histoire
est moral et très-instructif. Le plaisir de la campagne
est plus pur et plus innocent que celui de la ville.
Quel différence ! quel bel perspective ! Il est plus
loyal que moi et que toi. Elle était fort distrait, et
cependant elle était plus attentif et plus discret
que lui. Il a été très hardi.

3

Ce bouquet est plus beau que celui la. Voilà une
rue plus long que celle ci. Cet étranger est captif
dans une contrée inconnu. Cet mère et sa fille sont
captif en France. Mon fils est mort ; son œil est
éteint est fermé : le votre est robuste et vigoureux.
Votre maison est plus bel et plus spacieux que la notre. Votre demoiselle est plus attentif et moins étourdie que la mien.

4

Ma cousine est moins instruite que la tien, mais
elle est moins dissipé et plus réservé. La écorce de
ce arbre est plus épais que cel de celui la. Leur raisonnement est vrai ; le nôtre est faux. Le pâturage
de ce pays est moins gras que celui d'un pays méridional : aussi le bétail est moins gros et plus maigre.
Ce bosquet est plus riant que le sienne. Quel fraîcheur ! Quel vif reconnaissance !

5

Ma brebis est aussi bel et aussi gras que la tien.
Ce nouveau impôt est plus fort que le premier. Ton
père est plus vertueux que toi. La tempête dévasta-
teur de la moisson. Cet liqueur est plus douce que
celle la, mais elle est moins digestif. Ton idée est
neuf ; celle de cette auteur est vieil. Cette douleur

est aigu et cruel. Tel père, tel fils. Tel mère, tel fille.

6

Ta charge est plus lucratif que la mien. Le cheval arabe est plus vif que le nôtre. Cette animal est inoffensif ; celui-là est dangereux et méchant ; il est brutal et farouche. Le vent septentrional est plus froid que le vent méridional. Ta fille est doux , studieux et obéissant ; celle de mon ami est fainéant et paresseux. Cette production est plus industriel que celle là.

7

Le habitant de ce département est plus laborieux et plus industrieux que celui de le votre. Cette personne et celle la sont très aimable : lequel est la plus instruit et la plus aimable ? Quelle belle et noble sentiment ! Quelle est votre nom ? Quelle est votre profession ? Ton cousin est moins méfiant que toi. Cet femme est inventeur et opérateur ; celle-ci est dispensateur.

8

Un secours spirituel est souvent préférable à un secours temporel. La puissance spirituel et la puissance temporelle. Dans cette province , l'homme est humain et libéral ; dans celle la , il est avare et méchant. Cette maison est la mien ; celle ci est la sien. Votre réponse est plus adroit que celle de mon frère et de le votre. Notre nation est plus guerrier et plus fier que la leur.

9

Cette personne est ma bienfaiteur et la tien : elle est plus contente que toi et que moi. Cet nouvelle

est faux et trompeur; celle la est vrai. Quel est ce
monsieur ? quel est cette voix ? Elle est plus doux
et plus harmonieux que la notre. Mon bien et le tienne sont égal. Cet homme et celui-là sont instruit ,
très instruit , fort instruit. Tel est l'arrêt fatal. Tel
est la volonté du maître.

EXERCICES

SUR LE SUBSTANTIF, L'ARTICLE, L'ADJECTIF, LE PRONOM ET LE VERBE.

On fera mettre chaque devoir au pluriel.

1

Je suit pécheur et mortel. Elle es pécheur et mortel. Tu est très obligeant. Elle es tres obligeant. J'é-
tait spectateur , et toi , ma sœur , tu était acteur.
Quand il serat grand , il serat raisonnable. Moi, j'a-
vait un chapeau gris , et toi , tu avait une casquette
bleu. J'eu été premier sans lui. Elle eu été premier sans moi. Si tu était plus obéissant, tu serait
moins répréhensible.

2

Que je soit absent ou présent. Qu'elle soit absent
ou présent. Soit honnête et libéral. Il aurait confiance en toi. Elle était très spirituel et très rusé. Elle
avais été veuf. Tu était très vindicatif. Cette dame
aurais été sauf sans ce nouveau accident. Tu a eu une
fâcheux rencontre. Soit sage. Tu a été plus heureux
que prudent. Mon père auras une satisfaction plein
et entier.

3

Elle avais été plus indulgent que lui. Tu chanta.
Elle chantat. Je finissait mon travail et le tienne. Mon
ami amènerat le votre. Il terminerat cet affaire. Elle
aurais été meilleur acteur qu'opérateur. Ai un sentiment droit , pur et national. Tu avait reçu une invitation. Je fus honteux de ma action. Cet étoffe serat
supérieur à celle ci , quand elle sera roux.

4

Je chante et tu pleure. Tu dormira. Il chantera. Tu
recite la leçon. Il demandais un nouveau conseil. Elle
consolerat sa viel maman. Tu a fini ton devoir. Je
conçu un projet. Il reçus mon avis. J'avait terminé
cette affaire. Cet acteur jou bien ; il es célèbre. J'ai
applaudi et j'applaudirait à cette fête public. Il rece-
vrat ton excuse.

5

Tu reviendra et je partirait. Je finirait la lettre que
tu commence. Lit cet ouvrage ; il es instructif et amusant. Défend ta propriété et tu la conservera, Le enfant badine ; il cour, il saute. Tu aimera. Je choisi.
Il ri. Tu écoutera la leçon qu'elle te donnera. Le mo-
narque gouverne. Le lion rugit. Le bœuf mugi. Le
chien aboi. Le mouton bêle. Le cheval trotte ; il ga-
lope.

6

Je chérit cet homme; il mérites mon amitié. Tu
rend un grand service à cette personne. Il avais fini
son récit. Elle accorderat une faveur à celui qui rem-
porterat le prix. J'aimes l'élève studieux quand il es
obéissant. Il appréci la qualité que tu vante. Il tends

son filet et il prends un oiseau. J'aperçoit la cause naturel de cette effet. Elle as été plus gentil que toi.

7

Tu demandera quel est la personne qui est mort. Je perçoit son revenu et le mien. Tu aurait reçu un reproche sanglant. J'attend la réponse que tu me fera. Il unit sa force à la mien. Elle aurat rendu un mal pour un bien. Tu souhaite que je soit ton loyal ami ; je le serait. J'avait désiré que tu fusse plus généreux que lui. Ma sœur aurais été plus naïf et plus spirituel qu'elle.

8

Fini cette ouvrage ; il sera instructif. Tu écoutera la leçon qu'il te donnes. Tu est convalescent et tu a de l'espérance. Tu chéri ta sœur, tu est louable. Il ravirat ton bien et il le dissiperat. Soi franc, libéral et équitable. Le travail fortifi le corps ; il endurci à la fatigue. Tu fléchira ton maître et il te pardonneras. Il cueillis un laurier qui étais plus vert que le votre.

9

Je construi une maison. Le rosier fleuri. Tu adoucira sa peine cruel. Tu reçoit un éloge que tu ne mérite pas. Il rempli le vase que tu acheta hier. J'étudi mon rôle ; je le débiterait demain. Il défends son pays et le votre. Tu combatti un ennemi redoutable. Il parlat et adoucit mon chagrin cuisant. Je désires que tu soit aussi savant que ton père et que le mienne. Oubli cet injure et tu sera loué.

10

Le corbeau croasses. La colombe gémi. Le pigeon roucoule. La grenouille coasse. L'âne brais. Le co-

chon grogne. Le chien aboit. Le taureau beugle. La
mer mugi. Le loup hurle. Le renard glapi. Le vent
souffle. L'éclair brille. Le tonnerre gronde. Je balai la
classe. Tu nettoi ton bureau. Il mange une pomme.
La lime cries. Elle priais, et je priais aussi.

11

Je paye mon écot, paye le tien. Je scis un morceau
de bois qui es très dur. Je riait de votre malheur. Tu
appuyera mon affaire. Il annoncea une mauvaise
nouvelle. Tu m'annoncea et j'entrai. Il s'avancea
vers moi et me parlas. J'étudiait une leçon qui était
plus long que celle la. Tu souffre une douleur moins
cruel et moins vif. Elle me coudoyait.

12

Je reconnais son talent et je l'appréci. Je désires que
tu essaye ta force. Elle conceut un projet hardi que tu
exécuta. Tu nourri un secret ressentiment. Je copiait
mon devoir sur celui de mon camarade. Votre père
arrangeat cette affaire qui devenais mauvaise. Je
dissouds ce métal. Tu mouds ce grain. Il absoud le
coupable. Je corroye une barre de fer.

13

Votre frère et le mienne arrive. Je nageait dans
cette rivière et je la traversait. Pierre et Philippe partirons, et Joseph et Claude resterons. Sa richesse est
égal à la notre. Ce cheval et celuila grossit beaucoup.
Il m'affligeais quand il me racontais sa souffrance.
Tu échappera au danger qui te menace. Le père et le
fils sentir quel serait la conséquence d'une tel dé-

BIBLIOTHÈQUE ROYALE

14

Tu l'informa du mal qu'il me faisais. Cet homme ploye sous ce pesant fardeau. L'ours et le lion habites la forêt. Votre père et le mien se connaissais. Lui et moi parte. Ton fils et toi viendras avec moi. J'employais cet méthode avant toi. Tu cotoye la rivière ; tu te plait à te promener sur cette rive enchanteur. Toi et moi sont contents.

15

Il te battras si tu l'attaque. Cette personne est très-bonne et très-compatissant ; cependant tu la jugea méchante. Votre frère et vous se promepaient. Paul et toi combattra. J'appuyerai ta demande si elle est légale. Sois, ton frère et toi, plus raisonnable. Je ménage mon uniforme, tandis que tu use le tienne. Mon oncle, ma tante et moi sont invité.

16

Toi qui écoute attentivement, tu deviendra instruit. Moi qui riait. Leur jugement et le votre me surprenne. Il s'éloignat de moi et je ne le vit plus. Lui ou moi partira. Tu nettoye un arme qui est dangereux. Votre fils et vous recevront un cadeau précieux. Il m'étonnat et me surpris beaucoup. Il me plûs et je lui convint aussi. Toi qui ne conçoit rien.

17

Chantait til ? finit elle ? Je combat mon ennemi, je le repousse et je le tue. Tu le blâmait et lui demandait pourquoi il changeais de moyen. Chante tu aussi bien que lui. Dit til. Reprit til. Répondit til. Je le reveilla quand tu arriva. Remplira til sa nouvel place anssi bien que tu remplit la tienne. Si votre raisonnement est vrai, le notre me parais faux.

18

Toi qui rendit ce service, ne fut tu pas aussi poursuivi ? Que fera tu de la truite que ton cousin t'envoyes, puisque tu est seul? Finira telle cette ouvrage de broderie avant qu'il arrive ? Vient til? Cour telle? Prendra til ? Commence tu ? Ira telle? Voudra til que tu souffre, pendant que le bien abonde chez lui? Me recevra til aussi bien que toi ? Que pense tu d'un tel réception ?

19

Demain tu ira chez le magistrat de ce village et tu présentera ta réclamation. La pluie qui tombe est bienfaisante. Je te rendrait la somme que tu me prête. Il chantai une joli romance. Tu est instruit, mon fils, du moyen que j'emplöye pour que mon affaire réussisse. Tu terminera cette négociation. Fuit la vaine gloire. Revient de ton erreur. Te pardonne til ?

20

Je nageait dans la rivière. Je crainds que tu sache le mal que je fait. Obéira tu à l'ordre de ton maître ? Connait tu cet histoire ? Si tu travaille bien, tu recevra la récompense que je promet à l'élève le plus laborieux. Il avais enfreint la loi, il étais coupable. Acceptera tu le cadeau que je te ferait quand tu reviendra? Je sais ma leçon, sait la tien et tu sera libre. Toi et moi étudie.

21

Lorsque le froid approche, l'hirondelle se réfugi dans un pays plus chaud que le notre; et au printemps elle revient. Je désobéi à mon père, et il me chassat de sa maison ; je me repentit, et il me rappelas et me reçus avec joie. Réjouit toi, je suis vainqueur. Hier je me battit contre mon ami et lui donnai un violent coup. Toi, ma fille, qui étudie avec succès, dit lui où se trouve cette contrée.

22

J'ignore la proposition que tu fit à cet homme, mais je sais qu'il la rejetat et qu'il l'accablas d'injures. La route que je parcourt est belle. On rends un service. Je chérie mon cousin ; il est bon et complaisant. Je lui lirait l'histoire de ce peuple. Que fera tu de cette somme ? Pourquoi n'accepta tu pas le défi que je te fi. Il apprend sa leçon, il la récite et il es libre. Que veut til ?

23

Je me propose de faire un long voyage ; si tu veut tu m'accompagnera, et j'espères que tu sera content du paysage que tu verra. Si le danger s'approchent de moi, je le redoute ; s'il s'éloignent, je m'en moque. Ton cousin et le mienne partirons demain. Il faut que je revois mon frère et que je l'embrasses. Vient dans mon appartement, je te racontrait l'histoire que ma marraine me racontas hier.

24

Quel promenade préfére tu ? Mon oncle et ma tante se promenait dans le jardin royale. Cette arbre fleurissait et fleuri toujours. Ce pré verdoi et verdoyera encore. Mon fils, met ton espérance en Dieu, respectes le vieillard, aime et chérit ton parent, sacrifis toi pour ton pays et tu remplirat

ton devoir le plus important. Quelle sacrifice exige
telle ?

25

Si tu te conduit bien, je te pardonnerait. Tu ren-
dra ce service à celui qui te le demanderas. Cette
propriété produit beaucoup ; elle appartiens à mon
bienfaiteur et à ma bienfaiteuse. Le seigneur de cet
hameau possède celle la. Si j'était riche, j'aimerait à
soulager le malheureux qui souffres et qui gémi. Te
récompensera til du service que tu lui rend ? L'appelle je ?

26

Evites le jeu, fuit la société de cet personne immo-
ral, et tu me remerciera bientôt du sage conseil que
je te donnes. Perçoit mon revenu, régit ma ferme et
reçoit cette somme. Cette nouvelle se répandis dans
la ville et remplis le habitant de terreur. Celui qui
veut avoir une avantage distinctive qui relève sa con-
dition doit l'acquérir. Ton cousin et toi acquièrent
une connaissance très précieuse.

27

Ton père , le mien et toi exposèrent au jeu une
somme très forte. Le bon père est celui qui aimes
son enfant, mais qui hais son défaut. Je fut trompé,
moi qui agissait sans détour, et toi, qui employait la
ruse, tu réussit. L'ignorant croit savoir beaucoup et
il ne sait rien. Voi cette mouche qui se grossis, et ne
l'imite pas. Ecoutes et tais toi. Ne se repentira telle
pas ?

28

Dans les quatre devoirs suivants on fera changer les phrases actives en passives, et les phrases passives en actives. On ne les mettra plus au pluriel.

Le cerf broutes la vigne. J'ai choisi un ami sage et prudent. Un lièvre était poursuivi par ce chien. Tu a mérité ce châtiment. Nous récoltons du blé et du vin. Mon devoir a été fait par lui. Le maître me gronde-rais. Je chérit ma mère. Nous chanterons une chan-son nouvelle. La terre est éclairé par le soleil; elle est vivifié par lui. Franklin inventa les paraton-nères. Aime tu les richesse.

29

Une douce pluie fertilise la terre. La grêle rava-geait nos moissons. Le froid engourdit nos mem-bres. Dieu aime les hommes; il les comblent de bienfaits. Les eaux de la rivière baigne les murs de ma maison. Nous sommes ennuyés de la sécheresse. Je suis battu par mon frère. Il était condamné par la loi. Cette homme calomniateur a été frappé de la foudre. Cette femme calomniateur a été punie de Dieu.

30

La grotte de la déesse était tapissée de verdure. On condamnera les voleurs aux galères. Ces tableaux ont été dessinés par un peintre habile. Le loup mange l'agneau. Ce voyageur fera vingt lieues. Mon père me combles de bienfait. On livrais les chrétiens à mort, parce qu'ils cenfessait la foi des apôtres. Si nous faisons le mal, Dieu nous puniras. Ce royaume a été envahi par les barbares.

31

César, général romain, fut assassiné par Brutus. Nous sommes unis par les liens du sang. Le froid resserre les corps ; la chaleur les dilate. Une chaleur dévorante accable le voyageur. Il vous racontera ses aventures. L'ambition perd les hommes. Nos soldats ont battu les Prussiens. Le peuple a reçu cette nouvelle avec plaisir. On ne vous vaincra pas. Elles ne seront point interrompues.

32

Suite des exercices sur toutes les difficultés des verbes.

Sous Louis XIV les arts et les sciences fleurissais. Des précipices affreux bordes la route que mon père et moi suivaient. Ils allèrent tous deux défendre leur cause devant l'assemblée des rois qui devait les juger. La piété et la justice fire l'ornement du règne de saint Louis. Il faut que je résous la question que mes maîtres me propose. Je travaillais tandis que du babillais. J'oubliais de te répondre.

33

Tu remura les graines que je met sécher. Soyez vigilant, mon fils, laborieux, actif et libéral. Messieurs, soyez plus indulgent et plus tolérant. On voyais de toutes parts un peuple nombreux ; des vieillards qui allait porter dans le temple divin les prémices de leurs fruits ; des jeunes hommes qui revenait vers leurs épouses qui les attendais ; des femmes qui allait au devant d'eux, et qui menait par la main leurs petits enfants qu'elles caressaient.

34

Plus l'homme s'instruit, plus il reconnait qu'il est ignorant. Les flatteurs sont plus dangereux que les voleurs. Les hypocrites ne se contentes pas d'être méchant ; il veule encore passer pour bon. Les plaisirs sont des fleurs qui embellisse la vie de l'homme. Aimé vos amis et pardonné à vos ennemis. Part et défend bien ton pays. Où se trouve les rivières desquel vous m'avez parlé dans la leçon de géographie ?

35

Les spectres hideux, les fantômes qui représente les morts pour effrayer les vivants, les insomnies cruels habitent cet épouvantable demeure. Ils convient que tu aille voir ta sœur avant qu'elle parte Toutes ces images environnaient le fier Pluton, Dieu des enfers, et remplissait le lieu où il habitait. Honores ton père et ta mère, afin que tu vive long-temps sur la terre. Le comprend tu ?

36

Le méchant et l'impie désire trouver des hommes qui leur ressemble. C'est toi qui a gâté les joujoux de ta sœur, qui a pris mes livres et qui s'est sauvé. C'est nous qui porteront du secours à ces malheureux, et qui les consoleront. Ma fille, si tu est belle et fraîche, souvient toi que la fraîcheur et la beauté passe comme les fleurs. C'est moi qui a causé ce dégât et qui la réparé.

37

Sonde les replis de ton cœur et tu verra les plaies

qui couvre ton âme. La neige blanchit nos montagnes. Les petits chiens aboie et ne mordes pas. Puisque vous nous secourez, nous vous défendront aussi et vos ennemis seront les notres. Pense t'il que tu acquiescera à sa demande? Aime ton ceux qui médisent? Ne prend ton pas pitié du repentir et des larmes qui coulent? Que fera t'il avec toi?

38

Toutes les grandeurs de ce monde ne vales pas un bon ami. Si ton père connaissait les sottises que tu lui fait., il en mourrait de chagrin. Les araignées sont, comme on le sait, des animals qui se nourrissent des insectes vivants qu'ils saisisse et dont ils suces le sang. Prions avec ferveur; la prière donne du courage. Les malheurs qu'ils prédise arriverons. Quelle danger redoute tu?

39

La prospérité enorgueillit l'homme et l'adversité l'abas et le décourage. Songe tu aux affaires qui te conduises dans ces lieux habités par des divinités immortels. Les maisons couvert de chaume sont l'asile du bonheur; les richesses y abondent. Les talents sont comme les arbres qui produise à proportion de la culture qu'il reçoive. Ait de la raison et surmonte ton courroux. Les nations soumettent les autres nations. Ceux qui ont la conscience pur ne redoute pas la calomnie.

40

Des froids excessifs succéder à une chaleur excessifs. Il coud un vieille habit ; coud celui ci. Il faut

que tu mouds ce grain et que tu le résouds en pou-
dr e. Si tu coutribus à mon bonheur, je saurait con-
tribuer au tienne. Ne juge personne, on ne te juge-
ras pas. Ces messieurs trouve des jouissances dans
le travail ; travailles bien et tu jouiras comme eux.
Les impies disparaitrons comme les tempêtes qui
passe. La gloire et la prospérité du méchant dure
peu.

41

Il est nécessaire que je parcourt ce pays pour que
j'acquiert les connaissances qui me devienne indis-
pensable. Toi et ton frère se donnent beaucoup de
peines ; vous êtes infatigables. Toi et ta sœur peuvent obtenir le délai que réclame ton père et ta
mère. Ton ami et le mienne doive aller visiter le bois
qui entoure le marais ; ils chercheront des personnes
hardis avec lesquels ils puisse le parcourir sans
danger ; si tu veux être de la partie, tu leur fera
plaisir.

42

Prend ce siége, assied toi et raconte nous tes malheurs. C'est lui et toi qui occasionnèrent cette que-
relle. C'est ton frère et moi qui contrefirent te signa-
ture. Tu conviendra que tu a tort. Pierre et Paul
balayeront la chambre et nettoyeront les vitres.
Mon fils, soyez généreux et compatissants, faite
l'aumône, soulagez les malheureux : si vous êtes
riche, donnez beaucoup ; si vous avez peu, donnez
peu, mais donnez toujours. Remerci Dieu et ne te
plaind pas.

43

Vos sœurs savent mériter l'estime de toutes les personnes qui les connaisses. Les anciens croyais que le soleil et les autres astres tournait autour de la terre; aujourd'hui on reconnais que c'est la terre qui tourne autour du soleil. Ces peuples offres à Dieu des sacrifices continuelles. Moi et ma sœur partira demain. Les moindres fautes causent de grands malheurs. Essayes de faire ce que je te commandes, et tu verras que tu réussira.

44

Nous attaquâme la ville, nous la prime et la réduisirent en cendres. Il faut que je parte et que tu viennes avec moi ; des affaires pressante nous appelles. Avou tes torts et on te les pardonneras. Que demande telle ? J'eu du malheur quand tu bua les passants ; ne hu plus personne. Saches donc que ce fut ton frère et moi qui eurent le plus de part aux divertissements que le prince et la princesse donnère.

45

Pourquoi décachette tu les paquets que je cachettes. Le luxe ruine le riche prodigue et enrichi le pauvre laborieux. Voyant que de faux témoins déposait contre nous, nous nous tûme. Où va til et quand reviendra til ? Ces peuples adores de fausses divinités. Les faits historiques que tu rapportes me paraisse mensonger. Les travails nous fatigues ; les amusements nous récrées. Le génie et la vertu se frayes partout une route.

46

Les flatteurs sont des ennemis qui nous abreuves d'un poison doux et lent. Te commandes je d'agir ainsi ? Le temps détruit tout ce que les hommes font : le fer, la pierre et le bronze ne peut résister à ses outrages. Quels sont les hommes qui traverses la prairie ? Dite leur qu'ils vienne ici ? Les services que tu m'offre me sont trop utile pour que je les refusent. Vas, mon ami, remplit tes engagements et revient ensuite.

47

Renous les cordons de tes souliers et hâtes toi d'exécuter les ordres que te donnerons tes supérieurs. Confi moi les secrets importants dont tu me parla hier et je te confierait les miennes. Retourne til dans sa ville natal ? Si tu connaissais cette famille ; si tu savais quels sont ses misères, tu la plaindrait et tu la soulagerait. Un jour du mois dernier, je quittait mon travail, je couru à la ville où m'attendais quelques personnes qui voulait me parler.

48

Il se leva, se promenat quelques minutes dans son appartement, se mit à écrire et me donna ce billet en disant : Va y tout de suite et ne remet cette lettre qu'à lui seule. Que me veux-t-il ? Que dit til ? Lui demande ton ce qu'il fait ? Pourquoi raisonne til ainsi ? Voila de bons fruits ; prend en un et porte le à ta mère. Je verrai le devoir que tu fis hier ; reli le bien et fait tout tes efforts pour corriger les fautes qui s'y trouve.

49

Quel fut ma frayeur ! La ville était en feu ; les flammes dévorait la maison qu'habitait mes parents ; les rues était plein de gens qui allait et qui venait : les uns portait du secours aux malheureux qui périssait : les autres fuyais et emportaient ce qu'ils avaient de plus précieux, et d'autres enfin s'efforçaient d'arrêter l'incendie dont les progrès devenais de plus en plus affreux. Représentes toi une ville entière qui brûle et tu concevera quel était l'épouvante général.

50

Réfléchi bien aux conséquences qui s'en suivrons. La paresse et le dégoût entraine l'homme à sa perte. Quand part telle et où va telle ? Celui qui ne fait rien apprend à mal faire. Ceux qui possède de grands bien ne sont pas ceux qui save le mieux en jouir. Li ta leçon, prend cette ficelle et li ce paquet. Voici des règles grammaticales qui repose sur des principes fondamentales. On vainc difficilement un penchant naturel.

51

Les Israélites sortire de l'Égypte sous la conduite de Moyse qui en avaient reçu l'ordre de Dieu. Malgré les miracles qui s'opérèrent en leur faveur, il ne cessère d'être ingrat. Quel nouvelle apporte tu ? Autrefois je me battait souvent et vainquait toujours mon antogoniste. Tu parais content ; a tu reçu les étrennes que tu attendais ? A tu parcouru les beaux sites qui bordes cette mer ? La vérité et la simplicité plaise à tout le monde.

52

Le mensonge et la fourberie ne convient à personne. Il me semblais bien que je comprenais ce que
vous me disiez, mais mes idées étaient obscures. Si
vos amis revienne ce soir, vous les enverrez chez
moi ; je leur remettraient la lettre qu'ils désires voir.
Convient que tu a tort. Travaillé avec goût et vous
acquerré des connaissances. Je distribuerait des images aux élèves qui apprendront bien leurs leçons, et
je punirait ceux qui ne travaillerons pas.

53

Les mauvaises compagnies inspirent toujours une
inclination pour le vice. Ceux qui vivent dans le li-
bertinage se moque de ceux qui s'efforce de faire le
bien. Mon père, vous et moi chasseront demain. Nous
nous reposâmes sur les bords d'une fontaine qu'om-
brageais de beaux saules pleureurs. Pourquoi me
présente tu des fruits ? Tu sais bien que je ne les
aimes pas. Daigné m'écouter et je vous convaincrai de
la vérité. Si tu aimes les pommes, vient dans mon
jardin et tu en mangeras.

54

Je vois bien, messieurs, que l'étude vous offres du
dégoût et que les amusements seules vous plaise et
vous entraîne. Quand vous serez plus grand, vous
connaitrez le prix de la science et vous vous repen-
tirez de votre lâcheté. Roidit toi contre le malheur
et ne te plainds pas. Tient cette argent, payes tes dettes et ne recommencé pas tes fredaines. On exami-
nerat les candidats qui aurons des talents supérieurs,
et on leur donneras des places lucratifs.

55

Des peines éternelles attendent les méchants. Un loup fondit sur ce troupeau et enlevat deux moutons; les bergers le poursuivir long-temps, mais comme ils ne pure l'atteindre, ils s'en retournères. Cette viande se corromps parce qu'elle est vieil. Entres dans mon parterre, Emile, et tu examinera mes beaux œillets qui viennent des Indes. Ces métals se dissoûdent au feu et se dissoudront toujours. Nos soldats et les votres déployère une valeur prodigieuse.

56

Résout ce problême, et tu me forcera à convenir que tu est un habile calculateur. La terre et tous les astres subisse un mouvement. Je voyageait poûr dissiper l'ennui qui m'accablais. Remets ces livres dans la bibliothèque, et lit ceux-là. Ton père te chargeas de la conduite de cette affaire et tu t'acquittas mal de ton devoir. Quel terrible leçon vous donne ces deux malheureux ! Quel beaux ciels embellisses ces contrées ! Que de chagrins viennes s'appesantir sur ma tête blanchi par les années.

57

L'homme meurt comme il a vécu ; si tu vis bien, tu mouras bien. Songe aux calamités qui te menace, et cherche à les éviter ou à les prévenir. Je m'abstiendrai de vous faire des questions, quisqu'elle vous fatigue. Vous n'êtes ni assez instruits, ni assez prudents, mon fils, pour que je vons confi mon emploi. Les ruses que tu emploie ne servirons à rien. Les dé-

fauts de l'esprit augmente comme ceux du visage.
Soumet toi ou je te vainc par les armes. Si les richesses contribues au plaisirs, souvent elles nuisent à
la tranquillité.

58

Pendant que nous traversions la cour du château,
la lumière nous en laissais voir les hautes et noirs
murailles. Les vapeurs qui s'élevaient de la terre
obscurcissait à un tel point la clarté du flambeau qu'à
tout moment on croyais qu'il allait s'éteindre. La
faiblesse et la peur ne nous permire pas de nous
avancer dans ces lieux désert. Fréquentera til encore ces réunions qui le perde ? Nous oubliâmes
les injures cruels qu'ils nous fire. Répondra
telle à l'invitation que vous lui faite? Cette homme
et toi me poursuivait tandis que je fuyais. Te demande
je ce que fait ces messieurs? Leur apportera til les
objets qu'ils veules?

59

Trois hommes voyageais ensemble : ils rencontrer
un trésor et le partager; ils continuer leur route et
s'entretinre de l'usage qu'il ferait de leurs richesses.
Comme les vivres qu'ils portaient commençait à
manquer, ils convinre qu'un d'eux iraient en chercher
à la ville, et que le plus jeune se chargerait de
cette commission : il partit : il se disait en che-
min : Je suis riche, mais si j'avait été seule quand
la fortune se présentat, ma fortune serait co-
lossal.

60

Cependant , continuait il , il me serait facile de

les reprendre ; je n'aurais qu'à empoisonner les vivres que je vais acheter ; à mon retour je dirai que j'ai diné en ville , mes compagnons mangerait et il mourrait ; je n'ai que le tiers du trésor et je l'aurait tout entier. Les deux autres voyageurs se disait : il était bien nécessaire que ce jeune homme vint s'associer à nous ; sa part aurait augmenté les notres et sans lui nous serions véritablement riche ; il va revenir, nous avons de bons poignards, tuons le et nous nous partageront sa part. Le jeune homme revint avec des vivres empoisonné ; ses compagnons l'assassiner ; ils manger, il mourure, et le trésor n'appartint à personne.

EXERCICES

SUR LE PARTICIPE PRÉSENT ET L'ADJECTIF VERBAL.

1

J'entend de toutes parts des trompettes retentissant. Les vents mugissants dans la forêt voisine et soufflants avec force, nous empêcher de continuer notre promenade. Quand je vois les troupeaux bondissants sur l'herbe verdoyante, j'éprouve des plaisirs ravissant. Ces fleurs paraissent changeant ; en changeant leurs couleurs elles perdent leur saveur. Les eaux croupissant engendre des maladies. Voilà des terrains mobiles et peu consistant.

2

Ces personnes sont charmant ; en charmant tout le

monde, elles se font admirer. Je venderai une propriété consistant en terres, bois et prés. Quelle silence effrayant règne dans ces lieux déserts! Il m'a adressé des paroles offensantes. Point d'importuns laquais épiants nos discours, critiquant tout bas nos maintiens, comptants nos morceaux d'un œil avide, s'amusant à nous faire attendre à boire et murmurants d'un trop long diné.

3

Ces paroles sont attendrissant ; en attendrissant tout le monde, elle font couler les larmes. Les éclairs silonnants les nues, et la foudre grondant par intervalle, effraye les habitants de la terre. Ces Deux personnes sont très-ressemblant. La chasse et la pêche offres des plaisirs attrayant. Voilà des fleurs brillantes d'un vif éclat. Quel catastrophe effrayants ! Les nouvelles sont elles intéressante ? J'ai vu deux lions furieux se disputants leur proie.

4

Ces lieux, ne me rappelant que de tristes souvenirs, sont pour moi peu agréable et peu plaisant. Cette femme, médisante de son prochain, s'attirat des paroles désobligéantes. Ces portraits sont si ressemblant, qu'il paraisse parlant. Ces guerriers combattants avec courage, demeurèrent triomphant. Votre sœur est bien souffrant ; cependant elle a un air charmante. Ses talents le mettrons dans une position brillante. Vos paroles me rassure ; elles sont engageante.

5

Ces ruisseaux murmurants dans la prairie, ces

fleurs embaumant l'air me procure une joie ravis-
sante. De cette instrument sort des sons discordant.
Nous sommes tous dépendant de la raison et indépendant de nos passions. Vos discours sont séduisant,
mais nullement convainquant. En reconnaissant
vos tort, ma fille, vous devenez reconnaissantes.
Cette nation est guerrière et remuante. N'aurait
ton pas trouvé des hommes plus obligeant que
ceux là?

6

C'est une mère qui, aimant beaucoup ses enfants,
les chatient sévèrement lorsqu'ils le mérite. Sa figure
pâle et temblant nous rendis tous tremblant. Nous
aperçumes de loin des mats, des cordages flottants
sur les eaux. Cette nouvelle désespérant ne me parait point vrai. Ces bijoux coûtent des sommes exor-
bitantes. On voit partout des gens allant et venants.
Votre sœur est si prévenant, qu'on oublie qu'elle est
contrariant et médisant.

7

Cependant l'aurore éclatant se disposait à ouvrir
les portes du ciel; les oiseaux, voltigeants dans les
arbres touffus, commençaient à gazouiller; déjà les
lapins, s'élançant de leurs terriers, courait dans les
vastes prairies et broutait le serpolet tandis que le
renard glapissant poursuivait dans les bois le lièvre
épouvanté. Déjà le diligent laboureur attelait à la
charrue ses bœufs mugissant; déjà les brebis s'é-
chappantes en foule de l'étable, se répandait en bê-
lant dans la campagne, suivies des chiens qui
aboyaient et des bergères chantant des airs rusti-

ques, le front couronné de rubis et de rayons d'or ;
le soleil sortait du sein de l'onde et lançait ses premiers feux.

EXERCICES

SUR LE SUBSTANTIF, L'ARTICLE, L'ADJECTIF, LE PRONOM, LE VERBE ET LE PARTICIPE.

1

Mes devoirs sont fait; les tiennes ne sont pas ache-
vé. La rose épanoui. Des provinces pillé. Des autels
renversé. Cette fleur a été cueilli dans votre jardin,
et celle-ci, dans le notre. Les nouvelles, qui sont
arrivé hier, ont été répandu parmi le peuple. La prudence et le courage réuni fait les grands hommes. Je
crainds que ta plainte ne soit pas reçu. Cette action
a été prémédité. Vos petits amis étaient ravi et content de voir qu'on observaient leurs jeux.

2

Je suis venu, disais une femme, j'ai vu, j'ai été con-
vaincu et je suis parti. Nous étions descendu dans
cette fosse pour admirer ce prodige. Ma sœur, êtes
vous entré dans la chambre qui a été réparé? Vous y
auriez trouvé de nouvelles peintures et des tableaux
representants les dernières batilles qui ont été gagné
en Allemagne. Nos soldats sont morts en héros; ils
ont été tué sur des monceaux de cadavres ennemis.
A peine furent ils arrivé, qu'ils furent exécuté.

3

Ces fruits était bien mûr quand ils ont étécueilli.
Des torrents de pluie ont inondé nos campagnes ; elles
sont ravagé. Ils étais parti et ils sont revenu. Animé
par la voix de leurs chefs, nos troupes ont fait des
prodiges de valeur. Les hommes irréligieux sont mé-
prisé. Nous sommes disposé à accepter les conditions que vous nous imposé. Cette province a été
conquise. Dès que nous fumes sorti de la salle, le
bruit et le tumulte cessa.

4

La muraille ayant été ébranlé, les poutres sont
tombé. Un grêle devasteur a emporté nos moissons.
Les prés émaillé de fleurs et les montagnes tapissé de
verdure nous invites à bénir la puissance de Dieu. A
peine furent ils entré dans le vaisseau, que, ne pou-
vant plus respirer, ils demeurèrent immobile. Leurs
habits étaient mouillé. La valeur de l'instruction
commence à être apprécié. Les éclairs ont sillonné les
nues.

5

Que la gloire du Seigneur soit célébré dans tous les
siècles. Les animaux et les plantes sont nourri de
ses bienfaits. Sophie est plus disposé que toi à rem-
plir les obligations qui lui ont été imposé. Henri quatre, roi de France, fut assassiné par le trop fameux
Ravaillac, dans la rue de la Féronnerie. Que de sang
à coulé ! Que de soldats ont péri ! Les lettres qui nous
ont été envoyé ont été mal adressé ; elles ne nous
concernes en rien.

6

Les hommes sont né par le travail; Dieu les a créé pour le ciel. Les louanges, qu'on a accordé à ces acteurs, ont été bien mérité. Les détachements, qu'on a envoyé, sont revenu ; ils étaient allé porter du secours à une ville assiégé. Que nous raconte tu des voyages lointains que tu as fait ? Quel nouvelle a tu appris ? Tu n'as pas profité des leçons qu'on t'as donné. Les règles, que nous avons trouvé difficile, nous paraisses maintenant aisé et bien compréhensibles.

7

Dieu pardonne aux pécheurs, s'ils sont repentant et contrit. J'ai lu les lettres que vous m'avez adressé ; elles renfermes beaucoup de choses que j'ignorais et qui était ignoré de mon frère. Je vous remercies des services que vous m'avez rendu. Quand mes fils auront lu l'histoire universelle que leur oncle leur a prêté, je vous la communiquerait ; elle est bien développé et convient au jeune âge. Imitez, monsieur, la conduite que votre père a tenu, et vous serez loué comme lui.

8

Ces élèves, ayant été rebuté par les premières difficultés qu'ils ont rencontré, ont abandonné les études qu'ils avaient commencé. Les couleurs que tu as employé sont plus brillantes que celles dont je me suis servi. Le mensonge et la vérité sont opposé. Vous êtes trop sensé, mon fils, pour ajouter foi a de telles récits. Cette ville fut saccagé et réduit en cendres. Cette heureuse découverte est du au hazard.

9

L'alliance qu'on demandat fut accordé ; la paix
fut signé. Quelles sont les motifs qui vous ont engagé, mes enfants, à me cacher une démarche que
je n'ai point désapprouvé ? Les arbres que j'ai planté
ont tellement cru, qu'ils ont surpassé ceux que vous
avez enté. Les compagnies que tu as hanté t'ont
perdu. Cet accusé a til répondu aux interrogations
qui lui ont été fait ? Le temps que vous avez mal employé est un temps perdu.

10

Il y a environ quatre siècles que l'imprimerie a
été inventé par Guttemberg : on croit généralement
que c'est à Strasbourg. Dès qu'elle fut né, cette belle
invention fut porté dans la ville de Mayence. En sui-
vant les conseils de ce méchant, nous sommes tombé
dans des fautes bien graves. Je t'ai écrit une lettre ;
l'a tu reçu ? Que sont devenu les résolutions que tu
a formé ? Quand nous avons vu qu'on refusaient les
secours que nous avions apporté, nous nous en sommes allé.

11

A la voix d'un homme éminemment recomman-
dable par les services qu'il a rendu, des armées sont
levé et formé comme par enchantement. La maladie que ma mère a eu l'a forcé à garder la chambre.
Votre convalescence me dédommage des soins que
j'ai pris et des peines que j'ai eu. Les discours, que
nous a adressé ce prédicateur, étaient entraînant et
persuasif. Au milieu du cirque était une arène pré-

paré pour les combattants ; elle était bordé par un grand amphithéâtre d'un gazon frais sur lequelle était assis et rangé un peuple innombrable.

12

Je crois qu'Emelie et son père sont indisposé. Des nations vaincu, des sceptres brisé, des trônes renversé, tel sont les trophées de la guerre. Les juges se sont partagé sur cette question, et ce n'est qu'avec peine que le président les a ramené à son sentiment. Ce guerrier a assisté à tous les grands combats qui sesontlivré. Les sacrifices qu'on avaient exigé de moi étaient trop grand pour que j'eusse pu les faire. Les enfants abandonné à leur volonté, deviennent insolent.

13

Les chasseurs, que nous avons vu tirer, éteient adroits. Les lièvres, que j'ai vu tuer, avaient été vivement poursuivi par les chiens. Les bâtiments, que vous avez vu tomber en ruine, avaient été construit par votre aïeul. Les étangs qu'on a fait pêcher sont desséché. Le bruit qui s'est répandu a été occasionné par votre lettre. Que d'oiseaux j'ai vu prendre au filet ! Que de perte j'ai vu pleurer ! Ton oncle et ton cousin se sont ils séparé après nous avoir quitté? On nous a reçu avec bonté.

14

La ville de Rome fut fondé par Romulus. Des gens chargé de dettes, des esclaves fugitifs, des voleurs et des malfaiteurs, tels furent ceux desquels sontné tant de vaillants capitaine qui ont illustré l'empire romain. Tant de complots tramé contre la république ayant été découvert, ceux qui en furent les auteurs prirent la fuite ; mais ils furent arrêté, jugé et condamné à mort. Que les temps sont changés ! La vérité a remplacé l'erreur. Elles se sont assis, après s'être adressé les compliments d'usage.

15

Claude, Marc-Aurèle et Caracalla sont les trois empereurs romains que la ville de Lyon a vu naître. Ces mémoires sont du à une femme bien vanté dans l'histoire. Cet écrivain s'est plu à semer dans ses écrits des traits naïfs et piquants. Les choses qu'on vous a dit ont été inventé à plaisir. Les soldats qui ont blanchi sous les armes se sont couvert de lauriers immortels. Les recherches qu'on fait cet avoué, ont été infructueuses.

16

La première vigne qu'on a vu dans les Gaules a été planté par Probus, empereur romain. La chaleur qu'il a fait et la pluie qui est survenu m'a empêché de me rendre à l'invitation que vous avez eu la bonté de me faire. Si j'avais suivi votre conseil, je n'aurait pas fait toutes les diligences que j'aurais du. Ce jeune homme a étudié toutes les sciences qu'il a voulu. Ces pays si beaux et si florissant n'étais pas connu des anciens.

17

Didon, s'étant sauvé de Tyr, vint en Afrique, où elle bâtit une ville fameuse, qui fut appelé Carthage. Quelles sont, mesdemoiselles, les ouvrages que je vous ai vu faire ? Les martyrs se sont moqué des tourments qu'on leur préparaient et ont bravé mille morts pour la cause de la religion. Cette jeune personne, désabusé des grandeurs du monde, s'est retiré dans un couvent : plusieurs de ses amies ont suivi son exemple et l'ont imité. La nature nous a tous condamné à mort.

18

Les corps célestes était regardé par les anciens comme des divinités. Les noms des jours de la semaine sont tiré des planètes auquel ils étaient consacré. Le dimanche était consacré au soleil, comme une divinité puissante et bienfaisante; le lundi, à la lune; le mardi, à Mars; le mercredi, à Mercure; le jeudi, à Jupiter; le vendredi, à Vénus; le samedi, à Saturne. Les persécutions, qu'ont souffert la réligion, ne l'a rendu que plus florissante. Je ne vous ai point écouté, messieurs.

19

Te rappelle tu les voyages que nous avons fait ensemble et les questions réitéré que tu m'a adressé au sujet des Indes. Les peintres, que vous avez vu dessiner, sont arrivé de l'Italie. Les portraits que j'ai vu dessiner, sont très ressemblant. Les vers qu'on vous a entendu réciter, ma fille, sont bien fait; j'en ai lu de bien beaux, mais je n'en ai point trouvé qui surpassassent ceux-ci; aussi vous a ton loué et a ton admiré vos talents poétiques.

20

Pendant que Rome portait ses armes victorieuses jusqu'aux extrémités du monde, elle était menacé au dedans d'une ruine total. Catilina, d'un esprit audacieux et d'un cœur corrompu, avait résolu la perte de sa patrie. Des citoyens remuant, chargé de dettes, condamné pour crime et que les excès avait réduit à l'indigence, s'était déclaré ses complices. Ce fut Cicéron qui prit le plus de part aux recherches qui furent faites pour découvrir les principaux chefs d'une conspiration si effrayante. On nous a apporté la nouvelle de deux combats qui se sont livré dans les plaines arrosé par la Loire.

21

Vous avez sans doute entendu parler des Vêpres siciliennes ? Dans Palerme, capital de la Sicile, tous les Français furent tué au moment où sonnait les vêpres. Ce massacre est appelé Vêpres siciliennes. Les devoirs de la sépulture ont été regardé comme sacrés dans tous les temps et chez tous les peuples. On n'est pas d'accord sur les évènements qui se sont succédé en foule, et qui ont attiré sur nous les armes étrangères. Quel emplette a tu fait à la ville ? Que de choses les hommes ont imaginé pour leur utilité ou pour leur agrément! Je m'étais imaginé, disait une personne, que la mésintelligence régnait parmi vous.

22

Les années que Louis 14 a régné, ont été illustré par toutes sortes de mérites. Les jours, que vous avez passé loin de nous, m'ont paru des siècles. Que je regrette les jours que j'ai passé dans les amusements frivoles, et ceux que j'ai vécu dans l'oubli de mes devoirs. Je n'attribue le peu de succès que vous avez obtenu qu'au peu d'application que vous avez apporté. Je vous reverrai, ma mère! le ciel a exaucé mes vœux. Je vous ai donné tous les bons conseils que j'ai pu et que m'a suggéré mon expérience et ma prudence ; puissiez-vous ne vous repentir jamais de ne les avoir point suivi ! Ils se sont nui autant qu'ils ont pu.

<h2 style="text-align:center">23</h2>

Les heures, que j'ai parlé avec cette dame, m'ont paru longues en comparaison de celles que j'ai passé auprès de vous. Quels fruits a tu retiré des lecture que tu a fait ? Le peu de soins qu'on m'aurait donné m'aurait fait recouvrer la santé. Que sont devenu les sommes que j'ai dépensé pour vous ? A quoi ont-elles servi ? Quand reviendra ce printemps par qui tant d'exilés, dans les champs paternels se verront rappelé ? Nous nous étions présenté pour obtenir l'audience que vous aviez sollicité pour nous ; mais on nous l'a refusé et on nous a reçu malhonnête-ment.

<h2 style="text-align:center">24</h2>

Pourquoi ne m'a tu pas apporté les graines que je t'avais fais demander ; si tu me les ayais envoyé, je les auraient semé depuis long-temps, et elles auraient déjà commencé à poindre. Les ouvrages que ton père et toi m'ont fait demander, ne se sont pas trouvé à la bibliothèque ; je pense que les per-sonnes, auxquels je les ai prêté, ne me les ont pas encore rendu. Tu as acheté plus de livres que tu n'en a lu. Aurait-il surmonté les difficultés qui re-naissent sans cesse ? La dépense qu'il nous a assuré qu'il avait fait, n'excède pas celle que vous nous aviez dit avoir fait dans une semblable circonstance.

<h2 style="text-align:center">25</h2>

Que de révolutions se sont succédé dans cet empire ! Considérez, mon fils , les peines que j'ai eu pour élever votre enfance , les soins que j'ai pris de vous , les sommes que m'a coûté votre éducation , et vous reconnaîtrez les torts que vous avez eu. Il ordonna que les prisonniers fusse renvoyé sans rançon. La pièce d'eau que vous avez fait creuser est plus grande et plus belle que je ne l'avais pensé. Vos avis ont été combattu vivement, mais ils ont prévalu. Les importants services que ces troupes auxiliaires ont rendu , les à rendu cher à la patrie. Elles se sont attribué des qualités qu'elles n'ont pas.

26

Les lunettes , les horloges et la fabrication du papier furent inventé au milieu du quinzième siècle. Les malheurs que s'est attiré votre cousine l'a fait rentrer en elle-même; autant elle s'est plu à fréquenter la mauvaise société et à lire des romans, autant elle se plait maintenant à vivre retiré du monde et à faire le bien. Ceux qui l'on connu autrefois ne peuvent se figurer qu'elle soit changé à ce point. Avant que nous nous fussions proposé pour vous accompagner, nous nous étions proposé d'aller au spectacle. Nous serions devenu plus tolérant, si vous aviez mieux satisfait à vos devoirs.

27

Elle s'est vengé, elle est satisfaite extérieurement, mais elle est accablé de remords. O trop aveugle Calypso ! tu t'ait trahi toi-même par ton propre serment, te voilà engagé, et les ondes du Styx par lesquel tu as juré ne te permettes plus aucune espérance ! Je ne sais ce qui est arrivé a votre sœur; mais elle parai confuse et troublé ; dès qu'elle nous a vu elle s'est retiré dans son appartement où on l'a entendu pleurer et se plaindre amèrement. Si, mademoiselle, vous aviez puisé des conseils dans les bon livres qu'on vous a engagé à lire, vous vous seriez formé le cœur et l'esprit.

28

Maximin, empereur romain, fut un des plus féroces persécuteurs qui se soient élevé contre le christianisme. Guerres civiles, multiplié sans fin et toujours renaissante, invasion des barbares, empereurs nommé tumultuairement par les armées et massacré aussitôt après, tel est l'état de dissolution où cet empire se trouva réduit. Des attroupements se sont formé sur la place public ; la police est survenu et elle les as dissipé. Votre père, vous et moi se sont laissé entrainer à leur perte par les paroles artificieuses d'une personne que nous avions cru mériter notre confiance. As-tu vu l'horloge qu'on m'a envoyé ?

29

Ce vieux ami m'a rendu tous les services qu'il a pu. L'estime et la bienveillance, que ce magistrat a su s'attirer, lui a mérité cette place lucratif. Le peu de mauvais exemples que votre fils a eu devant les yeux ont suffi pour le corrompre. Le peu de bons exemples que tu as vu, t'ont perdu. La Pologne ayant été trahi, s'est vu asservi par la Russie. Quand tu auras payé les dettes que tu as contracté, tu seras libre et indépendant. Souvent les paroles qu'on a dit sans réflexion demeurent gravé dans l'esprit de ceux qui écoutent, tandis que celui qui les a dit ne s'en souvient plus.

30

Nous nous sommes écarté des principes de la religion et nous sommes tombés dans mille erreurs. Les
connaissances que ce philosophe a eu le bonheur
d'acquérir, vaut mieux que les trésors qu'il aurait
amassé. La multitude, qui s'était porté à l'endroit
où se passait cette action, frémit d'horreur et se retira
consterné. Voilà des maximes que j'ai cru capable de
faire impression sur votre esprit. La nature lui a
refusé les dons qu'elle s'est plu à prodiguer aux autres. Les prétendu biens qui excitait l'admiration du
vulgaire, étaient des biens qui ont péri avec lui et
dont s'est emparé le caprice de la fortune.

31

Les adieux touchants que ces jeunes gens ont fait
à leurs familles, ont arraché les larmes de tout le
monde. Les fleurs que j'ai planté dans mon jardin,
ressemble à celles qui ont poussé dans le tien. Vous
et votre cousin se sont exposé à de grands dangers
pour n'avoir pas suivi les sages conseils que vous
ont donné vos maîtres. Cet auteur a fait imprimer
des ouvrages qui me paraisse bien fait; je les ai
adopté dans l'école que j'ai fondé pour les jeunes
enfants. Tant que ces peuples ont vécu éloigné du
luxe, ils se sont suffi à eux-mêmes; mais lorsqu'ils
l'ont connu, ils se sont créé des besoins qu'il a fallu
satisfaire.

32

Voilà les principes sur lesquelles repose la méthode
que nous vous avons exposé. Les lois, que nous a
donné ce législateur, ayant paru trop sévères, nous

les avons rejeté. Les courriers, qu'on avait expédié, sont revenu fatigué et haletant. Les dépêches ont été intercepté par des personnes opposé aux vues du gouvernement. Privée d'une grande partie de sa fortune, cette femme s'est enfui dans une contrée lointaine. Soyez persuadé, mon fils, que le véritable bonheur réside dans la vertu. Les prix, qu'a remporté cette demoiselle, prouve combien était parfait les divers travaux d'aiguille qu'elle a fait. Le mérite toujours a reçu récompense.

33

Mentor disait à Idoménée : Avez-vous cherché les gens les plus désintéressé et les plus propre à vous conduire? Avez-vous pris soin de choisir les hommes les moins empressé à vous plaire, les plus désinté-ressé dans leur conduite, et les plus capables de condamner vos passions et vos sentiments injustes? Quand vous avez trouvé des flatteurs, les avez-vous écarté? Vous en êtes-vous défié? J'avoue, reprit Mentor, qu'il a fait de grandes fautes ; mais cher-chez dans la Grèce, et dans les autres pays les mieux policé, un roi qui n'en ait pas fait d'inexcusables. Qu'elle est belle cette nature que le Seigneur a em-belli pour l'homme !

34

Les peuples que l'on a contraint d'obéir ne se sont point attaché à leurs chefs; ils les ont craint, mais ils ne les ont point aimé. Les plaisirs qu'on a cher-ché à nous faire goûter ne peuvent être comparé à la joie que nous aurions ressenti en revoyant notre hameau. Les conditions étant ainsi réglé, les rois

alliés partir de Solente, content d'Idoménée, et charmé de la sagesse de Mentor. Le fils d'Ulysse comprit la faute qu'il avait fait d'attaquer ainsi le frère
d'un des rois allié. Les grandeurs qui ont ébloui ma
jeunesse , ne me paraisse plus digne d'attention.
Si vous étiez venu plus tôt, Monsieur, vous auriez
été témoin de la belle action qu'a fait votre fils.

35

Des voleurs s'était introduit dans mes apparte-
ments ; je les ai chassé et les gendarmes les ont
arrêté. La justice, entre les mains de laquel on les a
livré, ayant eu égard à des circonstances atténuan-
tes, ne les a condamné qu'à quelques mois de prison.
Jusques à quand, ma fille , serez-vous insensible à
l'amitié que j'ai eu pour vous et que je vous prodigue
encore tous les jours ? Ces nouveautés sont très jo-
lies ; touts les hommes les a admirés, cependant elles
ne nous ont point convenu. Vous savez que nous sommes convenu de nous entr'aider. La maladie, que ma
mère a fait, l'a rendu caduc. L'espérance, qu'on m'a
fait concevoir, s'est évanoui.

36

Toutes les provinces, divisé d'inclination, étaient
en proie au pillage, aux incendies et aux massacres ;
les villes, les bourgs, les moindres villages, engagé
dans l'un ou dans l'autre parti, s'était couvert de
remparts et ressemblait à des places fortes. La salle
du festin était éclairé par des valets nombreux et
superbement vêtu, qui, rangé dans une attitude res-
pectueuse, tenaient chacun un flambeau à la main.
En voyant cet appareil, nous nous sommes cru perdu.

3

Villars disait souvent que le premier prix qu'il avait obtenu au collége, et la première victoire qu'il avait remporté sur l'ennemi était les deux plaisirs les plus vifs qui eût ressenti dans sa vie.

37

Si je ne vous avais pas entendu parler, mademoiselle, je ne vous aurais pas reconnu, tant vous avez changé. Son verbiage nous a déplu et nous a ennuyé. La faute que tu as commis a contribué puisamment à ton malheur. Voilà l'opinion que j'avais conçu de cet homme. Le peu d'intelligence que nous avons trouvé dans ces élèves nous a forcé à les renvoyer. Ces deux frères se sont beaucoup ressemblé, étant jeunes; le temps les a bien changé. Vous savez quelle estime et quel respect j'ai toujours eu pour votre courage et pour votre modération: C'est une chose qu'on a toujours démenti et que l'expérience dement encore tous les jours.

38

Si les Romains, disait Cariolan aux Volsques, intimidé par la crainte de vos armes, étaient disposé à vous rendre les villes, les bourgs et les terres qu'ils vous ont enlevé, pour lors, à votre exemple, les autres peuples d'Italie redemanderont chacun les fonds dont on les a depouillé, et cette fière nation sera réduite à la même faiblesse où elle était dans son origine. Quand les terres qu'on nous a enlevé nous seront restitué, nous nous disposerons à conclure le traité. Une affaire si embrouillé, sans preuves, sans témoin, qui s'était passé dans la solitude, avait besoin de juges aussi éclairé qu'était ceux dont on a parlé.

39

Nous avons gagné autant de batailles que nous en
avons livré. Ces dames s'étant rencontré dans le
parc, se sont salué et se sont souri. Les remèdes,
qu'on a donné à ces malades, les ont fait mourir. Je
vous avais accordé toute la liberté que j'avais pu, et
vous en avez abusé. Que de combattants j'ai vu périr
dans cette mêlée. Les oiseaux, que nous avons pris,
se sont laissé mourir de faim. Tes cousins ne se sont
pas trouvé au rendez-vous que je leur avais donné.
Nous sommes allé visiter le parc ; nous nous y sommes beaucoup promené; il est si beau, que nous nous
sommes proposé d'y revenir.

40

Les présents, que j'ai pensé que vous aviez reçu,
vous étaient offert par une personne qui s'intéresse
beaucoup à vous. S'est-il occupé de vos intérêts
comme il s'est occupé de ceux dont l'avait chargé ces
messieurs ? N'avait-il pas craint de s'être rendu con-
traire les personnes les plus disposé à lui être utile ?
César fut assassiné par les mains de ceux qu'il avait
cru avoir désarmé par ses bienfaits. Le beau paysage,
qu'on a fait voir à votre sœur, l'a charmé. Mes do-
mestiques, que j'ai envoyé chercher des provisions,
ne sont pas encore revenu ; s'ils m'apportent les
livres que je leur ai recommandé de macheter, je vous
les prêteraient.

41

La robe que tu as fait teindre, n'est pas aussi belle
que je l'avais pensé. Qu'a tu fait, ma fille, des gants

que je t'ai vu coudre? les a tu reporté à ta mére?
Trop inexpérimenté, mes fils se sont laissé séduire
par l'appas des honneurs; mais ils se sont bientôt
repentis de leur conduite inconséquente et se sont
retiré en province, après avoir revendu leurs char-
ges. Cette personne est haï et craint. Ma tante, que
j'ai envoyé chercher, n'est pas encore venu; dès
qu'elle sera arrivé, je la prierait de me donner son
avis sur les deux propositions que vous m'avez fait.
Nous nous sommes montré et la fortune nous a
souri.

42

Les travaux, que je me suis proposé de faire, ont
été arrêté par les mauvais temps qu'il a fait. La
pièce, que j'ai entendu louer, est bien différente de
celle que j'ai entendu siffler au parterre. Je vous
aurais cru, madame, moins disposé à m'écouter, si je
n'avais été prévenu en votre faveur. La tourterelle
que tu m'as donné, je l'ai laissé s'envoler, et celle que
j'ai acheté, je l'ai laissé manger par le chat. On ren-
verse difficilement l'autorité que les possions ont
usurpé sur la raison. Vous avez perdu tout le mérite
des bonnes actions que vous avez fait, si vous vous en
êtes glorifié.

43

J'ai marché aux ennemis que j'ai défait en deux
batailles et que j'ai contraint de se renfermer dans
leurs places, et pendant qu'ils s'y tenait caché, j'ai
ravagé leur territoire; j'en ai tiré une quantité prodigieuse de grains que j'ai fait conduire ici où j'ai
rétabli l'abondance. De quel faute me suis-je donc

rendu coupable? Que mes ennemis soient condamné, si je suis justifié ; et qu'ils me condamnent,
si je suis coupable. La société, qui s'est réuni chez
moi, s'est plu à combler de louanges les acteurs et les
acteuses de cette pièce. Non seulement Charlemagne
a protégé les sciences et les arts ; mais il les a en-
couragé.

44

Il y a déjà long-temps, pères conscrits, dit Virgi-
nius, qu'il s'est répandu dans cette ville des bruits
sourds d'une conspiration, mais comme ils étaient
sans auteur, nous les avons regardé comme de
vains discours enfanté pas la peur et l'oisiveté. Depuis
ce temps là, des avis mieux circonstancié nous sont
venu, mais comme ils étaient encore sans auteur,
nous n'avons pas cru qu'ils méritassent de vous être
rapporté. Le défaut des princes trop faciles et inap-
pliqué, est de se livrer avec une aveugle confiance à
des favoris artificieux et corrompu. Cette mère est
craint de ses enfants ; elle en est estimé et aimé.

45

Une dame disait à sa fille : nous sommes réduit à
diminuer les dépenses de notre ménage, à cause
des pertes que nous avons éprouvé et des sacrifices
que je me suis vu forcé de faire pour votre éducation : vous serez un peu privé des amusements qui
convienne si bien à votre âge, mais consolez-vous,
vous serez toujours chéri de votre mère. Les chagrins
que j'avais prévu que me donnerais mes enfants,
m'ont engagé à ne point vous faire part d'une aventure que j'avais cru que vous ignoriez. La trop
grande complaisance que j'ai toujours eu pour toi,

a été la cause principale de tous les maux que j'ai vu fondre sur ma maison.

46

Pendant le repas qui fut servi par de jeune Phéniciens vêtus de blanc et couronné de fleurs, on brûla les plus exquis parfums de l'Orient. Tous les bancs des rameurs étaient pleins de joueurs de flûte. Les Tritons, les Néréides, toutes les divinités qui obéissent à Neptune et les monstres marins était sorti de leurs grottes humides et profondes, pour venir en foule autour du vaisseau, charmé par cette mélodie. On les a prévenu du danger qu'elles avaient à courir ; on a cherché à leur faire abandonner leur projet, elles y ont persisté. Si elles ne s'étaient pas exposé au péril, elles n'auraient pas péri. Leur témérité leur a couté la vie.

47

Quand je me serai reposé des fatigues de mon voyage, je veux que vous me racontiez les circonstance dont vous m'avez parlé. Cette pièce est moins belle que je ne me l'étais représenté ; il y a si longtemps que je ne l'avais vu, que j'en avais oublié bien des détails. Les productions variées, qui font la richesse de ce pays, sont exporté dans toutes les parties du monde. Le peu de services que ce général a rendu à sa patrie, l'ont fait triompher de ses ennemis. Je vous ai contraint à travailler, messieurs, parce que je connais le prix du travail. Ces musiciens se sont surpassé dans les derniers morceaux qu'il sont exécuté.

48

Tous les jours que l'empereur Titus a vécu ont été

marqué par des bienfaits : c'est lui qui a prononcé ces belles paroles qui seront loué par la postérité la plus reculé. Un jour qu'il n'avait trouvé aucune occasion de signaler sa bonté, il dit : Mes amis, j'ai perdu ma journée. Une horrible éruption du Mont Vésuve a rendu célèbre le règne de Titus : Pline le naturaliste périt dans cette éruption, étouffé par les cendres et par l'odeur sulfureuse dont l'air était infecté. Quatre lépreux que le prophète, qui guérissait les lépreux idolâtres, n'avait pas guéri, furent divinement réservé pour annoncer à Samarie qu'elle était délivré.

49

Vous raconterai je les combats que se sont livré ces nations, les maux qu'elles ont souffert, les pertes qu'elles ont éprouvé, les dangers qu'elles ont couru et la misère où elles se sont si souvent vu réduite. On trouve encore, dans différents endroits, des monuments qu'ont érigé les Romains pour attester la gloire dont ils se sont couvert autrefois. Cet orateur a bien mérité les louanges qu'on s'est plus à lui accorder. Les fleurs, que j'ai vu naître et que j'ai vu mourir dans une matinée ; sont l'image du bonheur d'ici bas. Croira-til qu'elles se sont accordé sur ce point, sans s'être accordé aucune déférence ?

50

Jeanne D'arc, jeune héroïne, est suscité de Dieu pour battre les Anglais ; Charles VII la met à la tête de ses armées, et les troupes ennemis sont défaites et vaincus à plusieurs reprises ; mais étant resté dans les armées, après avoir rempli sa mission, elle fut prise par les Anglais et brûlé vif à Rouen comme une sorcière. D'où vient, dis-je à Narbal, que les Phéniciens se sont rendu maître du commerce de toutes les nations ? La peine que ce récit m'a fait a été remarqué de toute l'assemblée. Sa mère, touché d'une si grande beauté, le cacha durant trois mois; mais les ordres du roi étaient exécuté avec tant de sévérité, qu'elle fut obligé de l'abandonner.

51

L'Egypte est regardé comme le berceau des sciences et des arts; elle s'est occupé la première d'astronomie, de physique et de médecine: c'est aussi dans ce pays qu'on a vu les premières bibliotphèques. L'estime général que ce magistrat s'est acquis, vaut mieux que les honneurs décernés à des gens qui ne les ont pas mérité. Des supplices éternelles étaient réservé dans le Tartare à ceux qui s'étaient mal conduit envers leurs semblables, ou qui avaient outragé les Dieux. Le pharisien commença à douter que Jésus-Christ fût prophète, puisqu'il ne repoussait pas celle qui avait osé le toucher, ne doutant pas que s'il l'eût connu, il ne l'eût rejeté de lui.

52

La découverte de l'Amérique, appelé Nouveau Monde, est dû à Christophe Colomb, natif de Gênes; mais quelques années s'étant écoulé, Americ-Vespus visita par curiosité quelques côtes des contrées qu'avait découvert Christophe, et en lui donnant son nom, lui enleva la gloire qu'il avait si bien mérité. La récompense sera adjugé à celui qui s'en sera montré le plus digne. Votre sœur que j'ai vu peindre un paysage me paraît habile. La personne que j'ai vu peindre n'est pas ressemblante. Ces personnes avaient raison de ne pas accepter l'offre qu'on leur a fait; elle se sont épargné bien des ennuis. Pourquoi n'appréciera ton pas des leçons qui ont convenu à tout le monde?

53

Que de tourments n'ont pas souffert les martyrs ! Les uns étaient déchiré vivants par des lions ou par d'autres bêtes cruel; les autres, frotté de miel, étaient exposé au soleil pour être piqué par des mouches, et d'autres enfin étaient arrosé d'huile bouillante ou de plomb fondu; toutes ces cruautés étaient souvent répété et a diverses reprises. Après les avoir long-temps tourmenté, on les enfermaient dans des prisons obscurs et infectes semé de clous et de verres cassé. Elles sont tombé d'erreurs en erreurs et se sont laissé entraîner dans l'abîme. Les plus grands hommes qui aient paru dans tous les genres sont sorti de la Grèce et de l'Italie.

54

Ce fut un terrible spectacle de voir ce vaisseau immense brûlé en pleine mer, la lueur affreuse de l'embrasement réfléchi au loin sur les flots; tant d'infortuné errant en furieux, ou palpitant, immobiles au milieu des flammes, s'embrassant les uns les autres, ou se déchirant eux-mêmes, levant vers le ciel des bras consumé, ou précipitant leurs corps fumant dans la mer; d'entendre le mugissement de l'incendie, les hurlements des mourant, les vœux de la religion mêlé aux cris du désespoir et aux imprécations de la rage, jusqu'au moment terrible où le vaisseau s'en-

foncc ; l'abime se-referme et tout disparait. Les hom-
mes les plus sages et les plus habiles peuvent se laisser égarer, malgré les connaissances qu'ils ont et
l'expérience qu'ils ont acquis.

55

Un plébéien chargé de fers vint se jeter dans la
place public comme dans un asile. Ses habits étaient
mouillé ; une figure pâle et défiguré, une grande
barbe et des cheveux négligé et en désordre rendait
son visage affreux. On ne laissa pas de le reconnaître
et quelques personnes se souvinrent de l'avoir vu
dans les armées commander et combattre avec beaucoup de valeur. Il montrait lui-même les cicatrices
des blessures qu'il avait reçu en différentes occasions ;
il nommait les consuls et les tribuns sous lesquels il
avait servi. Adressant ensuite la parole à ceux qui
l'environnait, qui lui demandait la cause de l'état
déplorable où il était réduit, il leur dit que, pendant
qu'il portait les armes dans la dernière guerre qu'on
avait fait contre les Sabins, non seulement il n'avait
pu cultiver son petit héritage, mais que les ennemis,
après avoir pillé sa maison, y avait mis le feu.

56

Il disait que les besoins de la vie et les tributs
qu'on l'avaient obligé de payer, malgré cette dis-
grâce, l'avait forcé de faire des dettes ; que les intérêts s'étant insensiblement accumulé, il s'était vu réduit à la triste nécessité de céder son héritage pour
en acquitter une partie ; mais que les créanciers im-
pitoyables, n'étant pas entièrement payé, il l'avait
fait traîner en prison avec deux de ses enfants ; que,
pour l'obliger à accélérer le paiement de ce qui res-

tait dû, il l'avait livré à leurs esclaves, qui, par son ordre, l'avait déchiré de coups ; en même temps il se découvrit et montra son dos encore tout sanglant des coups de fouet qu'il avait reçu. Les accusateurs de Manlius lui reprochèrent ses discours séditieux, les changements qu'il avait proposé de faire dans le gouvernement, ses largesses intéressé pour soulever la multitude et la fausse accusation dont il avait offensé tout le corps du sénat.

57

Manlius, sans entrer dans la discussion de ces différents chefs, n'y répondit que par le récit de ses services et des témoignages qu'il en avait reçu de ses généraux ; il représenta des bracelets, des javelots et deux couronnes d'or pour être entré le premier dans une ville ennemi, par la brèche. Il représenta huit couronnes civiques pour avoir sauvé la vie dans des batailles a autant de citoyens, et trente dépouilles d'ennemis qu'il avait tué de sa main en combats singuliers. Il se découvrit en même temps la poitrine et fit voir les cicatrices que lui avait laissé les blessures qu'il avait reçu dans ces combats ; enfin il appela Jupiter et les autres dieux à son secours, et se tournant vers l'assemblée, il conjura le peuple de jeter les yeux sur le Capitole avant que de le condamner.

58

Coriolan se présenta ensuite dans l'assemblée avec un courage digne d'une meilleure fortune, et il n'opposa aux soupçons que le tribun avait voulu répandre avec tant de malignité sur sa conduite, que le simple récit de ses services. Il commença par ses premières campagnes ; il rapporta toutes les actions où il s'était trouvé, les blessures qu'il avait reçu, et les récompenses militaires dont ses généraux l'avait honoré, et enfin les différents grades de milice par où il avait passé. Il exposa à la vue de tout le peuple un grand nombre de différentes couronnes qu'il avait reçu, soit pour être monté le premier sur la brèche dans un assaut, soit pour avoir forcé le premier le camp ennemi, soit enfin pour avoir en divers combats sauvé la vie à un grand nombre de citoyens, et les ayant appelé chacun par leur nom, il les cita comme témoins de ce qu'il avançait.

EXERCICES

SUR LES SUBSTANTIFS COMPOSÉS, LES COLLECTIFS, LES OBSERVATIONS SUR PLUSIEURS PARTIES DU DISCOURS, ET SUR L'EMPLOI DES TEMPS DU SUBJONCTIF.

1

Les départements se divise en chef lieu d'arrondissement et en chef lieu de canton. On m'a envoyé deux chasse mouches, trois casse noisette et une douzaine d'essui main. La domestique a perdu les deux passe partout que j'avais fait faire. Une foule de gens s'imagine que le bonheur réside dans les richesses. Une troupe de jeunes daims est descendu des montagnes ; nous les avons poursuivi et nous en avons tué quelques uns. Il a reçu, en tombant, plusieurs contre coup. La foule de ceux qui entrait et qui sortait était si grande, que le gouverneur de la ville fut foulé aux pieds. Quel conséquence pouvez-vous tirer des tête à tête que nous avons eu ?

2

Les chats huant sont des oiseaux nocturnes qui mangent les souris et les petits oiseaux. Les hôtel de ville sont des maisons publiques où s'assemblent ordinairement le conseil municipal. J'ai vu, sur votre cheminée de beaux porte mouchettes : elles m'ont paru être doré ; j'ai aussi admiré les deux porte manteau qu'on a placé dans la chambre voisine de la vôtre. Les héros de l'antiquité étaient mis au rang des demi Dieux. Feu ma grand mère possédait déjà cette terre comme un héritage de sa feu mère. Beaucoup d'enfants se plaisent à avoir la tête nu et à marcher nu pied et nu jambe. Les hôtel Dieu sont des maisons où sont reçu les malades.

3

Feu nos grands pères n'ont pas connu les télégraphes ; Chappe ne les avait pas encore inventé. Une infinité d'animaux est encore inconnu. La foule des spectateurs s'écoule peu à peu. Six quart font une aune et demi. Mon horloge est dérangé ; elle ne sonne que les demi. Quel heure est il ? Sept heures et demi. L'an mille quatre cent quatre vingt onze avant Jésus-Christ, les Israélites sortirent de l'Egypte au nombre de six cent mille combattants, non compris les femmes et les enfants. Deux livres et demi équivale à cinq demi livres. Les pertes qu'ont éprouvé nos avant garde sont moins considérables que les échecs que nous avons fait éprouver aux arrières gardes ennemies.

4

Les ennemis perdirent huit cent hommes et quatre cent chevaux. Trente pièces de vingt francs font six cent francs. Un mil est environ le tiers d'une de nos lieues ; par conséquent il faut trois mille pour faire une lieue. Ce fut en mille huit cent que les Français battirent les Autrichiens à Marengo. Les personnes qui sont venu hier me rendre visite, sont les même qui médisent aujourd'hui de moi. Vous serez vous même vos accusateurs et vos juges. L'usage des cloches date de l'année six cent. Nous occupons la partie supérieur du rez-de-chaussée, appelé communément entre sol. Si ces jeunes gens étaient venu, ils auraient encore été les boute en train de cette fête.

5

Les vers à soie furent apporté des Indes l'an cinq cent trente. Les gens de la campagne ne sont pas toujours les moins spirituels. Quelles beaux exemples de dévouement ne trouve-on pas dans les livres saints ? Lespersonnes que nous sommes allé voir sont de biens bons gens. Une troupe de voleurs s'est répandu dans nos campagnes et les a désolé. Les exemples, que j'ai donné a mes élèves, sont bien fait ; mais ils n'ont pas su les imiter ; j'en ai faits litographier d'autres qui seront plus aisé à faire. Les mariages des premiers Romains furent des couples mal assorti. La tragédie d'Esther et celle d'Athalie sont deux chef d'œuvre de Racine. Les voleurs sont entré dans cette maison ; ils ont brisé les coffre fort, et ont enlevé l'or et l'argent qu'ils y ont trouvé.

6

C'est en Allemagne qu'on trouve les plus beaux orgues ; celui que nous avons vu est un des chef d'œuvre les plus accomplis. Ces mécontentements ont dégénéré en murmures et se sont même changé en haine. Les catacombes sont pour moi quelque chose d'effrayante. Mes pigeons ont pondu un couple d'œuf ; lorsqu'ils seront éclos, j'aurai un couple de plus dans ma volière. Cette personne a quelque chose de rebutant. Personne n'est si malheureuse que moi et je reste sans consolation. Chaques peuples ont leurs usages et leurs lois. Ses anti chambre sont orné de tableaux qui rappelle le moyen âge. Il a fait placer dans sa maison des abat jour et des abat vent.

7

Cette personne est si malheureux et si pauvre qu'elle a droit aux aumônes publiques. Le roi ordonna que tout le monde jeuna, et qu'on ne dispensa pas même les animaux. On ne voit plus d'hirondelles en hiver ; elles sont toute parti. Tout vos projets ont échoué. Quelques bons que paraisse ces fruits, quelques estimés qu'ils soient, je ne puis en manger. Votre sœur a été tout étourdie du coup qu'elle a reçue. Personne ne s'est faite attendre, exceptés trois voyageurs que des affaires pressantes avaient retenues. On a adressé trois questions tout de suite à cet eleve ; il y a répondu sans se troubler. Ne vous pressez pas, messieurs, chacun ne passera qu'à leur tour.

8

Toutes horribles que nous paraisses les combats des animaux contre les hommes, ils plaisaient aux

Romains. Quelque fusse vos intentions, madame, quelque bonnes qu'ait été vos raisons, vous n'avez pu être écouté. Les traitres sont détesté par ceux même qui s'en servent. Les témoins ayant été interrogé, tout déposèrent en faveur de l'innocence opprimée. Ce volume renferme trois cent pages, la préface et la table y compris. Toutes les gens instruites conviendront de la justesse de ma proposition. Ils vinrent chacun avec ses soldats et firent mine d'attaquer nos avants postes. Les chevaux, que ton frère et moi ont acheté, sont fort beaux; mais nous les avons payé bien chères: ils nous coûtent sept cent quatre vingt franc chaque.

9

Je n'ai trouvé personne, dans cette ville, qui fut assez instruite, pour m'éclaircir sur cette affaire. Il aurait fallu trouver quelque chose assez dure pour résister au platine. On n'a trouvé qu'une personne assez instruit et assez hardi pour oser lui adresser la parole. Un couple d'œufs ne me suffit pas pour mon déjeûné. Une couple de lapins peuplera vos garennes. Il paraît que vos chevaux ont bien couru; ils sont touts essoufflé. J'ai perdu tous mes livres, excepté deux ou trois. Votre fille m'avait l'air spirituelle et c'était un bel enfant. Nous nous sommes trompé nous même, et nous avons fait des coqs à l'âne. Tous les délices qu'on nous a promis out été trompeurs; nous les avons dédaigné.

10

Quelques illustres que vous soyez, messieurs, quelque fortune que vous ayez, quelque soit votre pouvoir et votre autorité, vous n'êtes rien devant l'être suprême. Vos paroles, toute vraies et toute belles qu'elles sont ne me rassure point. Ces jeunes gens étaient courroucés; je leurs ai montré leurs torts et ils se sont appaisé. Votre sœur a paru toute étonné de me revoir; ignore telle que c'est moi qui doit régir votre ferme en votre absence ? Il faut lever la tête haute pour voir les hautes tours de Notre-Dame. Elles se repentent de s'être moquées des qu'en dira tons. Chantez moins hauts, messieurs, vous troublez nos têtes-à-têtes. Ces blés sont beaux; ils donnent de belles espérances, mais je crois qu'on les a semé trop clairs.

11

Etes-vous embassadeurs ? Oui, monsieur, nous les sommes. Etes-vous les envoyés de la France ? Nous ne les sommes point. Les marchandises que j'ai acheté sont moins fraîches et moins estimés que celles-là; cependant je les ai payé plus chères. C'est moi qui s'enfonças le premier sous la glace, et c'est toi qui me retira. Où va til et pourquoi n'emporte til pas son livre ou son cahier ? Je ne pouvais croire que ce fusse toi qui eut fait une telle sottise. C'est lui qui m'accablas d'injures et qui me frappas. Je vous envoie ci-inclus les billets que vous m'aviez demandé. Ces œillets sentent très bons; ils charment par la couleur et le goût. Ils emmenèrent tous mes chevaux, excepté un vieil jument et quelques harnais.

12

Ce ne serait pas moi qui ferait une si belle action. Entre ces règles, voilà les deux qui sont les plus essentielle. Travaillez ou partez. Nous irons ou nous voudrons. C'est mes ennemis qui me nuisent. C'est eux que j'ai vu se promener. C'est la bienfaisance et la libéralité qui rapproche le plus un homme de la divinité. C'est vos frères ou vos cousins que vous attendez. C'est à lui à qui je parlai quand vous vintes me chercher. Madame, êtes vous directeur de ce pensionnat? Non, je ne la suis pas. Vous êtes apparemment la propriétaire de ce château? Oui, je la suis. Vous aimez votre fille comme un bon père; mais indépendamment de ses qualités physiques, cet enfant a su se rendre cher par ses prévenances et ses soins assidus.

13

Maintenant que je connais votre charité, c'est à vous à qui je m'adresserai. C'est sa faiblesse ou son ignorance qui l'ont perdu. Puisque c'est toi qui m'a sauvé la vie, c'est à toi à qui j'ai légué vingt cinq mille francs, après ma mort. C'est la ou repose les cendres de nos ayeux. Ma fille, on est toujours assez riche et assez beau quand est vertueux. C'est les points cardinaux qui sont les plus indispensables à l'etude de la géographie. Quand à moi, je pense, mon fils, qu'on est heureux quand on est sage. Quoique vous écriviez, évitez la bassesse. Ils arriveront plutot que vous, quoique vous fassiez. Quelqu'ait été les soupçons qu'on ait fait naître, je les ai détruit. Les lois, toutes révères qu'elles sont, mérite nos respects et notre soumission.

14

Ces enfants se sont querellé; je leurs ai fait une réprimande qui leurs a été inutile. Il était sur son char ; ses gardes affligées , observaient son silence alentour de lui rangé. Tout dormait dans le camp, et les ennemis étaient autour. Quel distance y a-t-il entre vous et moi ? Plusieurs plantes exotiques se sont trouvé entre celles que vous m'avez envoyé. Vous deviez hâter votre marche , plutôt que de la ralentir , et vous seriez arrivé plutôt. On est plutôt près de mourir que près de bien mourir. Les hommes, quelque érudits qu'ils soient, ne savent rien , s'ils considèrent ce qui leurs reste encore à acquérir. Les riches, quels qu'ils soient, font presque toujours pencher la balance de leur côté. Sont-ce donc vous , impies , qui versent le baume consolateur sur les cœurs affligés ?

15

Je crois que c'est à cela à quoi vous vous appliquez le moins. Nous étions déjà près de la ville, lorsqu'on nous annonça qu'on était près à nous repousser. Entre nos compagnons d'infortune , il y en avait un surtout auquel le gouverneur portait le plus vif intérêt. Surtout les détails que vous m'avez donné , pas un n'est relatif aux informations qu'on m'avait chargé de prendre. Nous étions prêts de faire ce voyage , sans y être cependant bien disposé. Il serait à désirer que tout vos concitoyens pensent comme vous , et les obstacles disparaîtraient. Bourdaloue et Bossuet ont excellés , chacun dans son genre. Qu'on doit être heureux, madame , quand on est chéri de ses enfants. Notre maître veut que nous écrivons et qu'ensuite nous nous amusons. Il est peu d'hommes qui ne soit attaché à la vie. La plupart des astronomes s'est accordé sur les phénomènes qui nous ont apparu.

16

Auparavant de partir, ils égorgèrent touts ceux qu'ils soupçonnaient être leurs ennemis. Ce jeune homme a davantange d'instruction que de bon sens. Ne parlez jamais sans avoir réfléchi avant. Nous devons tous être près d'obéir aux lois. Ce n'était pas là où vous deviez aller. Quant je me levai, ce matin, le froid, que je ressentis, me glaças. Il faut que tu ignores les premiers éléments du calcul, pour que tu ne sais pas donner la solution de ce problême. C'est tes amis qui t'ont donné ce bon conseil; tu dois leurs en savoir bon gré. Servilius voulait qu'on supprima les dettes ou du moins qu'on diminua du principal ces intérêts usuraires et accumulés qui l'excédait considérablement. Il exhortait le sénat à en faire un règlement qui soulageat le peuple, et qui assure pour toujours la tranquillité publique.

17

Les Pyrennées sont parmi la France et l'Espagne. Je ne doute pas que tu fais touts tes efforts pour devenir habile; mais je doute que tu le soit jamais autant que ton frère. Quelque étendue qu'était sa puissance, il n'en abusa jamais pour opprimer ses semblables. Le combattant qui était parti le dernier, atteignit le but plutot que les autres. Croira ton que c'est lui et toi qui ont dissipé mon bien? Non, on croira toujours que c'est moi qui l'est fait. Croyez-vous que l'on peut acquérir des connaissances sans beaucoup travailler. Le consul du sénat, s'il est permis de parler ainsi, avait pris une si grande supériorité sur celui du peuple, quoique leurs dignités étaient égales, qu'il semblait

qu'il n'y en avait qu'un cette année là dans la répu-
que. Que fallait-il donc qu'il fasse contre trois? Qu'il
meure!

18

Ce furent vous, messieurs, qui se firent le plus
remarquer par votre adresse et votre agilité. Je n'aurais pas voulu que tout le monde eusse entendu les
reproches qu'on m'a fait. Est-il nécessaire que c'est
toi qui y vas; ne convient-il pas mieux que ce soit
tes sœurs. Il n'aurait pas fallu que nous ayons assisté
à cette cérémonie, et les bruits ne se serait pas renou-
vellé. Il faudrait que vous acheviez cet ouvrage le
plutôt possible. C'est la ou périt tant de braves que
la mitraille ennemie avait si souvent épargné. Je suis
satisfait, mesdemoiselles, des progrès que vous faites;
mais je désirerais que vous mettiez encore plus de
zèle à votre travail. On disait même tout haut dans
les assemblées, que c'était bien assez que le peuple
souffrisse qu'on tirasse les deux consuls du corps des
patriciens, sans qu'on leur donnasse encore ceux qui
étaient les plus opposé au partage des terres.

EXERCICES

SUR LES HOMONYMES.

1

Je ne pouvais m'imaginer que ce fût les mêmes
hommes que j'avais connu à la fleur de l'âge, tant le
temps les avaient changé. J'ai commandé qu'on appor-

ta les gerbes dans l'air , pour leur faire prendre l'air.
Je crois , messieurs , que nous ferions bien d'aller à
Caen pour y voir le camp sur lequel on fait tant de
quands quands. Quand à vous , quand pensez-vous ?
Plusieurs saints se sont saints d'une corde. Quant il
fut arrivé, il apposa son saint sur saint petitions. Mon
père par ses vertus et ses talents est devenu père de
France. Cet enfant tomba du eau d'un arbre dans l'eau.
Les cordonniers se servent d'halaine. Cette course
m'a fait perdre halaine.

2

Dans cette province, la cène representait un palais.
Cette province est bien seine ; elle est arrosée par la
seine. Temps que tu te tins à un régime , ton tins ne
changea pas. Le temps fuit et ne revient plus. L'odeur
du teint me déplait. Ces acteurs se présentent bien
sur la cène. Je suis ceint de corps et d'esprit et je
sonne du corps. Je crois que sans lui j'en aurais
pour deux cent francs ; les vint qu'il me prit , quant
il vint , étaient d'un grand prix. La croix est le signe
de notre rédemption. Cette père de bœufs vaut bien
six cents francs. Celui qui se plait dans les champs
est récréé par le champ des oiseaux. Ce prédicateur
est monté en chair pour prêcher contre la bonne chair.

3

Je feins d'avoir feins pour que la discussion soit
bientôt à sa feins. Il s'en alla sans nous dire un meau
et se retira dans la ville de Meau ou il endûra bien
des meau. J'ai acheté des bals dans la ville de Bal en
allant au bal. Une voix que j'entendis non loin de la ,
me fit retrouver la voix que j'avais perdu. En jouant
au piquet , j'ai reçu un coup de point pour un point.

Ce cheval a les crins durs ; il mort son frein ; je crins qu'il prenne le mort aux dents. En portant une mal, je me suis fait mal au cou. Le mal est distingué de la femelle par des taches noires. Ce soldat fait le guet, et il n'en est pas moins guet. Des que je serai rentré, je vous enverrai votre des.

4

Ce poëte fait de beaux vers. En me tournant vers toi, j'ai cassé mon vers. Au mois de janvier j'ai mangé des poids vers. Il ajoute encore un morceau de poids pour faire le poids. L'effort que je fais pour soulever ce fais me fais perdre haleine. Un prédicateur disait en chair que l'esprit est plus fort que la chair. Je pain un pain qui n'est pas bon à manger ; j'aime mieux le pain qui apaise la fin. Quel bonne cher nous avons fait chez notre cher ami. C'est en vain qu'ils ont bu du vain pour ranimer leurs forces épuisées, ils n'ont pu arriver que le vain. Je sens que peu sens faut que le sens ne coule de cette blessure. Ces hommes ont par fois agi de bonne fois. Le cerf qu'on poursuivait c'est retiré dans la cerf.

5

Nous avons fait main basse sur main poulet et main poularde. De cette plaie il sort du pu qui pu beaucoup. J'ai acheté un fond de boutique dans le fond d'une rue où les marchands, dit-on, fond des affaire brillantes. Les peuples de la zone glaciale sont vêtus de peaux. J'ai bu deux peaux de lait tout de suite. La ville de Peau est bien éloigné du fleuve appelé Peau. Le cou qu'il reçut sur le cou lui fit vomir du sang. Cen est fait ; il y a plus de cent hommes qui ne paient le cent ; ils ne peuvent pas ce presenter cent cela. Les fruits de mon cru ne son pas bons cru. Tandisque tu joue, je passe sous le joue et je reçois un coup sur la joue. Achetez deux pairs de bœuf, et nous sommes pairs; alors nous irons de pair.

6

Ceux qui ont embrassé son parti, sont parti. En gagnant cette partie, je me trouve au pair. Le corps que j'ai au pied me cause une douleur que je ressens dans tont le corps. A quoi serre que tu te serres. L'instruction ne saurait donner de l'esprit au sot. En portaut un sot d'eau, j'ai voulu faire un sot et je suis tombé. Suis-moi, il sent la suis. Il sent suis qu'on le considerera comme un homme de peu de bon sent. On donne à un roi le nom de cire. On se sert de la cire d'Espagne pour cacheter les lettres. Un certificat doit être revêtu du sot de la mairie. Ma mer à fait un voyage sur mer avec le mer de notre commune. Il sortit du quand et s'enfonça un poignard dans le sain. C'est là où vous attende ceux qui ont ceint le diadème.

7

Il était allé à saint Cyr pour acheter de la cire. L'art est la nouvelle mesure agraire. Quand on fait marché, on donne ou on reçoit des arts. Elle a fini sa tâche, mais elle a fait une tâche à sa robe de soie. Chacun songe à soi : cependant n'aimer que soi, c'est être un mauvais citoyen. Cet homme qui vous parais sous, n'a pas le sous, et il ne sait pas sous quel toit il reposera cette nuit. Je fer mon cheval avec des fers que j'ai fait faire à Lyon. Je suis

près à vendre mon pré qui est pré de la rivière. Les
cognassiers ont gelé; nous ne mangerons pas des
coins cette année. On fend du bois avec des coins. Il
nous a appelé en donnant du corps. Nous avons bu
et mangé tout notre sous, sans dépenser un sous.

8

Que de progrès n'ont pas fait les ares et les sciences
depuis quelques années. J'ai acheté trois années de
blé froment dans la ville de Troie. On a surpris ces
gens coupant des harts pour lier des fagots qu'ils avait
fait dans les bois d'autrui. Je dois beaucoup et on me
dois peu. Nous avons des doits aux mains et aux pieds.
Cette marchandise se donne à ville prix. Va à la ville
pour acheter du sel et prie mon cousin de vouloir
m'acheter une sel qui soit conforme à sel qu'il a acheté. Sel mon cheval, je par pour Troie en passant par
Mot. Il rit parce que j'ai mangé du rit. Les graces et
les rit l'accompagnent partout. La messe se célèbre
du rit solennel. J'ai réglé compte avec monsieur le
compte qui m'a fait un compte sur ton compte.

9

Si vos si sont bonne, envoyez m'en cinq ou si. Nous
avons rencontré un guet-apens qui ne nous a pas rendu guet. Elles venaient de passer le guet. Les Autrichiens n'aiment guerre la guerre. Il laisse un lai à un lai
par un testament olographe. J'ai vu une lai boire du
lait. Dans cette forêt, il y a beaucoup de jeunes laïs
qu'on peut transplanter. Un milliard vaut dix fois
cent millions. La millième partie de l'art vaut un
milliare. Je suis allé le voir une fois dans la ville de
Fois où il m'a fait manger du fois de veau. Pour ne

pas craindre la faut de la mort, il faut avoir la fois. Ce peuple rompt ses faire. L'aigle me serres dans ses serres. Il accepta le défit, et le défit. J'aime à respirer l'odeur du thym.

EXERCICES

SUR LA PONCTUATION.

1

Le peuple ému par ce discours prend feu se soulève attaque les licteurs qui escortaient les consuls brise leurs faisceaux et les écartent L'union étant rétablie à ces conditions on procéda seulement pour la forme à l'élection de ces magistrats. Le peuple qui n'ignorait ni son penchant ni ses liaisons secrètes ennuyé des longueurs qu'il affectait et souffrant impatiemment ces scélérats dans l'endroit le plus fort de la ville coupa les tuyaux qui portait de l'eau dans le Capitole et réduisit bientôt ces séditieux à mourir de soif. La plupart plutôt que de se rendre voulaient mettre le feu au Capitole dans l'espérance de s'échapper à la faveur de la confusion et du tumulte que produise ordinairement ces sortes d'accidents. Le sénat par un décret public les déclara ennemi de la patrie et ordonna qu'on les poursuive.

2

Les enfants doivent aimer leurs parents leur obéir les respecter et les assister dans leurs besoins. Les pratiques les plus saintes de la religion les œuvres de charité d'humilité de pénitence faisaient les plus cher délices de saint Louis. Lorsqu'il était rendu à lui-même il n'agissait plus que comme particulier : sa mère et ses officiers disposait de lui ; il les écoutaient il déférait à leurs avis avec la docilité d'un enfant et cependant il était roi. Ecoutez enfants les avis de votre père et suivez les afin que vous soyez sauvé. L'homme charitable est doux tolérant patient et bienfaisant. Je lui parlai l'exhortai le priai. Ne dites point à votre ami allez et revenez je vous donnerai demain si vous pouvez lui donner aujourd'hui.

3

Calypso se promenait souvent seule sur les gazons fleuris dont un printemps éternel bordait son île mais ces beaux lieux loin de modéré sa douleur ne faisait que lui rappeler le triste souvenir d'Ulysse qu'elle y avait vu tant de fois auprès d'elle. Souvent elle demeurai immobile sur le rivage de la mer qu'elle arrosait de ses larmes et elle était sans cesse tournée vers le côté ou le vaisseau d'Ulysse fendant les ondes avait disparu à ses yeux. L'orgueil l'avarice la luxure l'envie la gourmandise la colère et la paresse sont les sept péchés capitaux. Le soleil nous éclaires pendant le jour et la lune pendant la nuit. Un personnage illustre connu aimé et chéri de tout le monde parait à leur tête : il se jette dans la foule frappe écarte ou tue tout ce qui se présente.

4

La déesse comprit que c'était Télémaque fils d'Ulysse mais quoique les Dieux surpassent de loin en connaissances touts les hommes elle ne put découvrir qui était cet homme vénérable dont Télémaque était accompagné. C'est que les Dieux supérieurs cachent

aux inférieurs tout ce qui leur plait et Minerve qui
accompagnait Télémaque sous la figure de Mentor
ne voulait pas être connu de Calypso. D'ou vient dit
elle à Télémaque cette témérité d'aborder en mon
île ? sachez jeune étranger qu'on ne vient point im-
punément dans mon empire. On arriva à la grotte de
Calypso ou Télémaque fut surpris de voir avec une
apparence de simplicité rustique des objets propres
à charmer les yeux. Une parole un signe un geste
suffisait pour lui faire comprendre ce qu'on voulait
lui dire.

<h3 style="text-align:center">5</h3>

Il est vrai qu'on ne voyait ni or ni argent ni marbre
ni colonnes ni tableaux ni statues mais cette grotte
était taillée dans le roc en voutes pleines de rocailles
et de coquilles. Les doux zéphirs conservaient en ces
lieux malgré les ardeurs du soleil une délicieuse frai-
cheur.Des fontaines coulant avec un doux murmure
sur des prés semés d'amaranthes et de violettes formaient en divers lieux des bains aussi purs et aussi
clairs que le cristal mille fleurs naissantes émaillait
les tapis verts dont la grotte était environné. La on
trouvait un bois de ces arbres touffus qui porte des
pommes d'or et dont la fleur qui se renouvellent dans
toutes les saisons répandent le plus doux parfums. Ce
bois semblait couronner ces belles prairies et formait
une nuit que les rayons du soleil ne pouvait percer.

<h3 style="text-align:center">6</h3>

Les divers canaux qui formaient ces îles semblait
se jouer dans la campagne les uns roulaient leurs
eaux clairs avec rapidité d'autre avait un eau paisi-

ble et dormante d'autre par de longs détours revenaient sur leurs pas comme pour remonter vers leurs sources et semblait ne pouvoir quitter ces bords enchantés. La jeunesse est présompueuse elle se promet tout d'elle-même quoique fragile elle croit pouvoir tout et n'avoir jamais rien à craindre elle se confie légérement et sans précaution. Quel est donc votre père que vous cherchez reprit la déesse. Il se nomme Ulysse dit Télémaque c'est un des rois qui ont après un siége de dix ans renversé la fameuse Troie. Cette île dit-il admiré de touts les étrangers et fameuse par ses cents villes nourrit sans peines touts ses habitants quoiqu'ils soient innombrables. C'est que la terre ne se lasse jamais de répandre ses biens sur ceux qui la cultive.

7

Quand le repas fut fini la déesce prit Télémaque et lui parla ainsi vous voyez fils du grand Ulysse avec quelle faveur je vous reçois. Je suis immortel nul mortel ne peut entrer en cet île sans être puni de sa témérité et votre naufrage même ne vous garantirait pas de mon indignation si d'ailleurs je ne vous aimais. Votre père a eu le même bonheur que vous mais hélas il n'a pas su en profiter je l'ai gardé long-temps dans cette île il n'a tenu qu'à lui d'y vivre avec moi dans un état immortel mais l'aveugle passion de retourner dans sa misérable patrie lui fit rejeter touts ces avantages. Il voulut me quitter il partit et je fus vengé par la tempête son vaisseau après avoir été le jouet des vents fut enseveli dans les ondes qu'avait il a désirer il possédait touts les biens et le bonheur lui souriait partout. O divine amitié que de charmes tu nous offres qu'il est heureux celui qui possède un bon ami.

8

Je lui disais mon cher Mentor pourquoi ai-je refusé de suivre vos conseils ne suis je pas malheureux d'avoir voulu me croire moi-même dans un âge ou l'on n'a ni prévoyance de l'avenir ni expérience du passé ni modération pour ménager le présent Oh si jamais nous échappons de cette tempête je me défierai de moi-même comme de mon plus dangereux ennemi c'est vous Mentor que je croirai toujours. Je m'écriai ô roi faites nous mourir plutôt que de nous traiter si indignement sachez que je suis Télémaque fils du sage Ulysse roi des Itaciens Je cherche mon père dans toutes les mers si je ne puis le retrouver ni retourner dans ma patrie ni éviter la servitude otez moi la vie que je ne saurais supporter. Si les hommes voulaient vivre simplement et se contenter de satisfaire aux vrais besoins on verrait partout l'abondance la joie la paix et l'union. Quel voix m'appelle en ces lieux.

9

Ce n'est pas seulement dit Cicéron de la grandeur de nos pertes et de la diminution des revenus publics dont je me plains c'est contre cette puissance absolus qu'on veut attribuer aux décemvirs que je m'élève aujourd'hui ma crainte et mon inquiétude n'est que pour le salut de la patrie et la conservation de la liberté Car comment résisterez vous à des gens qui après avoir rempli l'Italie de leurs satellites auront seuls entre leurs mains touts les trésors de la république N'en ayez point d'inquiétude me dira ton ils achèteront incessament des terres en Italie même selon le projet de la loi A la bonne heure mais est-il bien assuré que dans ces contrées si fertiles et si agréable il se trouvent tant de gens qui veuillent se défaire de leur patrimoine Et s'ils ne se presentent pas de vendeurs s'ils ne se trouvent point d'acquisitions pour employer les fonds qui seront entre leurs mains que deviendra notre argent.

10

Jusqu'à quand ô Catilina lui dit Cicéron abuseras tu de notre patience combien de temps serons nous encore l'objet de tes fureurs jusqu'où prétends tu pousser ton audace criminelle Ne reconnais tu pas à la garde qu'on fait continuellement dans la ville à la crainte du peuple au visage irrité des sénateurs que tes pernicieux desseins sont découverts Des yeux fidèles observent toutes tes démarches tu ne tiens point de conseils si secrets que je n'en sois averti j'y assiste je suis présent jusqu'à tes pensées Crois-tu que j'ignore ce qui s'est passé la nuit dernière dans la maison de M. Lecca N'y a tu pas distribué les emplois et partagé toute l'Italie avec tes complices Les uns doivent marcher en campagne sous les ordres de Manlius et les autres rester dans la ville pour y mettre le feu en cent endroits différents.

11

A la faveur du désordre et du tumulte causé par un incendie générale on doit assassiner le consul dans sa maison et la plupart des sénateurs Le sénat cette assemblée si auguste et si sainte est instruit des moindres circonstances de la conjuration et Catilina respire encore Il est même dans cette compagnie

il nous écoute il nous regarde comme ses victimes
Durant que nous parlons il désigne ceux qu'il destine
à la mort et nous sommes si patient ou plutôt si fai-
ble que nous songeons moins à punir ces crimes qu'à
nous préserver de sa fureur Catilina outré de ses
reproches pâle de colère et les yeux égarés s'écria
plein de fureur que puisqu'on le poussait à bout il
ne périrait pas du moins tout seul qu'il ferait tomber
avec lui ceux qui voulaient le perdre et sortit sur le
champ du sénat.

12

César prit le premier la parole il commença par
remercier Antoine de son attachement pour la mémoire de son père et de l'éloge qu'il en avait fait le
jour de ses funérailles Il se plaignit ensuite amèrement de ce qu'étant consul il eût consenti à l'amnistie
que le sénat avait accordé aux conjurés Est-il possible
lui dit il avec beaucoup de chaleur et de vivacité que
l'ami de César que celui qui tient actuellement de
ce grand homme la dignité de consul ait non seulement laissé échapper ses assassins mais qu'il ait
consenti qu'on leur décerna des gouvernements et
qu'il ait depuis conféré paisiblement avec perfides
Est-ce là ce que je devais attendre du lieutenant
de mon père de celui qui partageait la puissance et
le commandement des armées et qu'il avait élevé
aux premières dignités de la republique.

13

Trouvez bon que je vous conjure par sa mémoire
de changer de conduite montrez-vous au sénat au
peuple et à Rome entière le vengeur de la mort
de mon père joignez-vous à moi joignez-vous aux

parens de César et à tant d'officiers et de soldats qui demandent tous les jours la punition de ses assassins Unissons notre ressentiment comme notre douleur et si nous ne nous trouvons pas assez forts appelons le peuple à notre secours Vous savez qu'il n'a pas tenu à lui que nous soyons déjà vengé Que si la crainte d'offenser le sénat vous empêche de concourir à un si juste dessein du moins ne vous y opposez pas Quoique seul de mon parti et que je n'ai encore ni troupes ni légions tout est possible à un fils qui entreprend de venger la mort de son père je vous demande seulement en qualité de son principal héritier que vous me remettiez son argent que vous fîtes transporter chez vous.

14

Je vous laisse volontiers toutes ses richesses immenses soit en vaisselles d'or et d'argent ou en pierreries quellesque précieuses et de quelleque espèce qu'elles soint mais j'ai besoin de l'argent monayé pour acquitter les legs qu'il a fait en faveur du pleuple et pour commencer à payer trois cents mille hommes qui ont part à son testament. Et comme ce que vous pourriez me donner de son argent en espèces ne suffira pas encore, je vous serai bien obligé de me prêter quelques sommes du votre ou de m'en faire donner à intérêt par les questeurs et les gardes du trésor public afin d'achever de payer ce qui restera du au peuple et aux vétérans en attendant que pour acquitter de si justes devoirs j'ai pu vendre touts les biens de la succession La hardiesse et la fermeté de ce discours firent peur à Antoine Il s'enveloppa pour ainsi dire dans sa dignité et il s'en servit comme d'une barrière pour empêcher que César ne lui présenta de trop près la justice et la vérité.

15

Après avoir rapporté tous les obstacles qu'il avait formé pour éluder l'éxécution de son testament et la manière injurieuse dont le consul l'avait traité pourqoui s'écriait il t'opposes tu aux honneurs qu'on veut rendre à un grand homme dont tu tiens la dignité et les richesses souffre au moins ô Antoine que son fils s'acquitte des legs qu'il a laissé à ses concitoyens Je t'abandonne le reste je serais trop riche si j'hérite de sa gloire et de l'affection que le peuple lui a porté De pareils discours répétés avec art en différentes occasions soulevèrent la multitude contre le consul Tout le monde détestait son ingratitude et ses propres gardes qui avaient tous servi sous César menacèrent de l'abandonner s'il continuait a persécuter le fils de leur général Quelque animé que fut Antoine contre le jeune César il vit bien qu'il était de son intérêt de dissimuler.

www.ingramcontent.com/pod-product-compliance
Lightning Source LLC
Chambersburg PA
CBHW061413060726
47597CB00003B/1040